児童福祉司研修テキスト
児童相談所職員向け

金子恵美
〈編集代表〉

佐竹要平／安部計彦／藤岡孝志／増沢 高／宮島 清
〈編集〉

明石書店

刊行にあたって

　深刻化する児童虐待に対応するために、法制度の改正及び新たな施策が推し進められている。しかし児童相談所における児童虐待相談件数は増加し続け、社会全体でとりくむ重要な課題となっている。その対応の最前線に立つのは、児童福祉司及び要保護児童対策地域協議会調整担当者である。これら専門職は、子どもの最善の利益を第一義的に重視するために、まずは親子が地域で共に生活するための支援を模索する。しかし現実には相反する事態が生じる中で、対応には葛藤や混迷が存在する。これを乗り越えて、子どもを守るために、専門性のさらなる向上が不可欠となっている。

　2016年5月27日に成立した「児童福祉法等の一部を改正する法律」（平成28年法律第63号）では、児童相談所及び市町村（特別区を含む。以下同じ）の専門性強化を図る観点から、児童福祉司等について、厚生労働大臣が定める基準に適合する研修等の受講が義務付けられた。これを踏まえ、児童福祉司等に義務付けられた研修等の内容、実施体制等を構築するため、厚生労働省雇用均等・児童家庭局長（現子ども家庭局長）が開催する「子ども家庭福祉人材の専門性確保ワーキンググループ」において、児童相談所等の専門性強化を図るための検討を行い、研修等の到達目標やカリキュラム等が策定された。このカリキュラム等を基に、研修等の基準等について、平成29年厚生労働省告示第130号、同第131号、同第132号、同第134号において定められた。さらに、自治体における研修等の実施にあたっての参考とするため、研修等の詳細について、平成29年3月31日付の厚生労働省雇用均等・児童家庭局長第16号通知「児童福祉司等及び要保護児童対策調整機関の調整担当者の研修等の実施について」が示された。2017年度より義務化された研修は、この通知に示された到達目標及びカリキュラム等に基づき、都道府県、指定都市、児童相談所設置市が実施している。

　本著は、この義務化された研修について、内容の充実と共有化を図るために、通知に示された科目・細目について、共通して修得する知識（ミニマム）を示す「標準テキスト」として作成した。方法として、全国から研究者、実践者を招聘して研究会を開催し、テキストの内容に関して検討した。多くの学ぶべき内容のうち、限られた時間内で教授する内容について簡潔に整理した。さらにそれぞれが執筆した原稿について、研究会において検討し、精査した。

研修は、①児童福祉司任用前講習会、②児童福祉司任用資格後研修、③要保護児童対策調整機関調整担当者研修――の3種類である。

　なお、本テキストの内容は、厚生労働省の平成29年度子ども・子育て支援推進調査研究事業「児童福祉司等の義務研修テキスト作成に関する調査研究」の報告書に加筆・修正を行い2019年3月時点のものとなっている。研修への活用に際しては、最新の法改正や通知等に留意して用いていただきたい。

　本テキストでは、地域ごとの状況の違いや研修時間の制限を考慮して、ミニマムな知識に限定して記載した。また、教授方法については、各研修・講師のオリジナルを尊重することとして、ふれていない。

　本テキストについて、忌憚のないご意見をいただき、また研修内容を検討する際の素材としていただくことで、研修の標準化と質向上の一助となること、それが子どもの幸せと命を守ることにつながることを願っている。

編集代表　金子恵美

最近の子ども家庭相談・虐待対応システムに関する国の動向

1　はじめに

　2004年の児童福祉法の改正により、2005年から子ども家庭相談は市町村の業務と義務化され、要保護児童や子ども虐待を疑われる場合の通告先になった。それまで児童相談所で対応していたこれらの業務の移行に当初は大きな戸惑いがみられたが、10年以上経過した現在では、各市町村とも「自分たちの業務」として取り組むようになった。
　一方、この間も全国の児童相談所での虐待対応件数は増加の一途をたどっており、市町村、児童相談所とも、現状の体制では対応の限界がみられていた。

2　2016年児童福祉法改正

　児童福祉法は、これまでもたびたび改正されてきたが、2016年の改正は1947年の法律制定以来となる抜本的な改正が行われた。
　日本は国連の「子どもの権利条約」を20年以上前に批准しており、国内法は同条約に従った内容になっている。しかし法律で「子どもの権利」が明記されたものはなかった。今回の児童福祉法改正では、第1条に「子どもの権利」が明記された。その結果、以後の国における子ども家庭相談や虐待対応システムの検討においては、常に「全国どの地域においても、同じように子どもの権利が守られる仕組み」作りが要請されることになった。
　また虐待対応においても、それまでの早期発見・早期対応により適切に対応を行おうとする事後的対応から、子育て支援の充実等により虐待の発生を少なくする予防型の対応に重点を移すことになった。

3　市町村子ども家庭支援指針と要対協調整機関専門職義務研修

　2016年児童福祉法改正の施行に対応するため2017年3月に6つの通知が発出された。
　このうち市町村子ども家庭支援指針は、2005年に出された市町村児童家庭相談援助指針を全面的に改めたものである。2005年の子ども家庭相談の市町村移行に伴って制定された児童家庭相談援助指針は、ほとんどの記述が児童相談所運営指針と同様の内容であっ

た。その理由として、当初は厚生労働省も市町村がどのように子ども家庭相談を行うか、想像できなかったためと思われる。しかし10年以上の市町村の努力と工夫により、さまざまな知見が蓄積され、児童相談所とは違う市町村の役割や運営が徐々に明確になった。今回制定された子ども家庭支援指針には、それらの知見が多く含まれ、児童相談所とは違う市町村の役割が明確に記述されている。特に児童相談所との関係については、役割分担よりも「協働、連携」が重視されている。

しかし全国的に見れば、市町村の人員体制や力量にバラツキが大きいことが指摘されている。その打開策として2016年の児童福祉法改正では、要保護児童対策地域協議会の調整機関に専門職配置を義務付けると同時に、その専門職に研修を義務付けた。これにより市町村における子ども家庭相談の質を担保しようとしたと思われる。

4　新しい社会的養育ビジョン

厚生労働省に設置されていた新たな社会的養育の在り方に関する検討会は、2017年8月に厚生労働大臣に「新しい社会的養育ビジョン」を提出した。

それまでは「社会的養護」として、主に親と暮らせない子どもを里親や乳児院、児童養護施設等で、どのように養育するかが課題であった。しかしこのビジョンでは分離前の在宅家庭への支援まで視野を広げた「社会的養育」という概念を提起し、在宅家庭への市町村での支援の重要性を強調している。また里親への推進を含め、ビジョンに示された内容の達成までの工程（期限）を明示したのも画期的であった。

ただ、関係団体との意見交換や調整等は行われないまま発表されたため、その実現を疑問視する声が地方自治体や施設団体から多く出され、一方、里親や研究者からは歓迎する声もあり、賛否両論であった。

5　社会的養育に関する都道府県推進計画

社会的養育ビジョンの実現に向けて厚生労働省は2018年7月に、各都道府県ごとに5年先、10年先に至る社会的養育に関する推進計画の策定を義務付けた通知を発出した。

策定すべき10項目は、おおむね先の社会的養育ビジョンに沿っており、国はビジョンの内容の実現を目指すが、都道府県は各地の状況にも考慮した内容とすることは認めた。ただ、その計画には到達時の数値目標を明示することを求めると同時に、厚生労働省で全国の進捗状況は公表するとしており、都道府県では国や他の自治体の動向に配慮しながら現在準備を進めている。

なお推進すべき項目の一つが市町村の子ども家庭相談体制の整備である。もちろん都道府県の推進計画であるが、各市町村の意向を無視して計画を策定できないので、市町村の意向調査と推進に向けた協議が行われている。

6　緊急総合対策と新プラン

2018年3月に起こった5歳児の死亡事件は大きな社会問題になり、2018年7月に閣議決定として「児童虐待防止対策の強化に向けた総合対策」が出され、転居時の情報共有のあり方などが提示され、年内に児童相談所や市町村の体制強化策をまとめるとした。

そして2018年12月に「児童虐待防止体制総合強化プラン」が関係府省庁連絡会議より出され、児童福祉司の2,000人増員、市町村での子ども家庭総合支援拠点や子育て世代包括支援センターなどの2022年までの全市町村配置が決まった。総務省は地方分権の立場から地方自治体を拘束する人員配置規制には一貫して反対してきたが、子ども虐待防止という国全体の目的達成のために承諾したと推察される。

7　社会保障審議会社会的養育専門委員会ワーキング

2016年の児童福祉法改正の際の附帯事項として2年後までに検討されるべきとされた事項について、社会保障審議会社会的養育専門委員会はワーキンググループを設置し、7回にわたって検討を行った。

その中には、児童相談所の介入と支援機能の機能分化や通告先の一元化といった、これまでの児童相談所の体制を大きく変える可能性のある項目もあったが、結果的には現状をより機能強化することとして、激変は避けられた。

ただ、児童相談所だけでなく市町村を含めて対応職員の専門性の向上とスーパーバイザーを含めた計画的な人材育成の必要性が強く求められた。

西南学院大学教授　安部計彦

実践力を向上させるために必要なもの
演習、事例検討、ロールプレイ

　2018年12月18日、国の「児童虐待防止対策に関する関係府省庁連絡会議」は「児童虐待防止対策体制総合強化プラン」を決定した。この計画では、2022年度までに①児童相談所の専門職員を2017年度の実績に対して2,890人増やすこと。（児童福祉司3,240人から5,260人へ、児童心理司1,360人から2,150人へ、保健師140人から210人へ）②2018年度では106市町村に留まっていた子ども家庭総合支援拠点をすべての市町村に設置すること。③すべての市町村に要保護児童対策地域協議会調整機関の常勤調整担当者を配置すること。等の目標が盛り込まれた。この計画を成功させるためには、数の充足だけではなく、質の確保が重要である。すなわち、実践力のある人材の確保、定着、育成が鍵となる。

　さて、これに関して新たな国家資格を創設すべきだという意見があるが、筆者はこれには否定的である。その理由は、資格化すれば、さまざまな問題が俄かに解決するかのような幻想が広まることを恐れるからである。社会福祉士という国家資格が創設されて定着するまでには20年以上が必要だった。それでも、2018年度現在児童福祉司の内社会福祉士の資格所持者は4割に留まっている。市町村職員での同資格所持者は極めて低い。この国の児童虐待対策は、人と予算の確保が極めて不十分でマニュアルの作成や権限などを与えるばかりだった。その結果実践現場を振り回すことを繰り返してきた。これへの反省がないままに、新しい資格を作ったところで、本当に必要なものが形になるとは思えない。資格化がどうしても必要だというのであれば、政治力に寄り頼むのではなく、現場で地道に取り組んできた人々の中にある知見にこそ目を向けるべきである。後にできた精神保健福祉士は、現場からの発信によって、社会福祉士資格ができた後に、社会福祉士と同じソーシャルワークの共通基盤の上に立ち上げられた新たな資格である。そのことが、今の動きとは大きく異なることを押さえておきたい。

　今、求められることは、先に記したように、政府がはじめて本格的に取り組んだとも言える市町村と児童相談所の体制の強化の計画を成功させることである。そのためには、まずすでに義務化されている市町村の要保護児童対策地域協議会の調整担当者の研修、児童相談所の児童福祉司の任用前研修・同任用後研修、児童相談所スーパーバイザー研修の質を高め、これをさらなる実践力の向上に資するものとして充実させることであろう。

＜実践力の土台を据えること＞

「実践と理論とは違う」という言葉がある。しかし、理論と無関係な仕事には、「実践」という言葉はあてられない。「デジタル大辞泉」(2018年4月閲覧)は、理論とは、「個々の現象を法則的、統一的に説明できるように筋道を立てて組み立てられた知識の体系。また、実践に対応する純粋な論理的知識」のことを言い、「理論を組み立てる」「理論どおりにはいかない」という用例を挙げている。そして、同辞典によれば、実践とは、「"主義・理論などを実際に自分で行うこと"であり、"理論を実践に移す"というように用いられ、実践・実行・実施が、いずれも"実際に行う"意で用いられるが、"実践"は理論・徳目などを、みずから実際に行う場合に多く使うのに対して、"実行"は最も普通に使われるが、"親孝行の実践"に、"実行"を用いると不自然な感じになるように倫理的な事柄についてはあまり用いられず、"実施"は、あらかじめ計画された事・行事などを実際に行う意で、"減税計画を実施する"などの場合に用いる」とされている。

理論を学ぶためにテキストを読み進め、講義科目に耳を傾けることは、時に退屈かも知れない。しかし、そこには、先人たちから受け継がれた知見がある。生じている問題をどのように捉えるのか、最悪をどうすれば避けられるのか、どのようにすれば当事者や関係者の参加を促し、彼らの力を結集できるのか、すべてを貫くべき人権の尊重という価値を、実際の個人の関わりや組織としての権限行使にあたって、どう適用したらよいのか、当事者や支援者が活用できる制度・政策や社会資源にはどのようなものがあるか。これらについて綴られた言葉や、図表にまとめられた内容を確認することは、日々の実践の中で、小さく軽くなってしまった理論の存在感を回復させ、崩れてしまった理論と実践のバランスを取り戻させ、得ている知識をアップデートしてくれるものであり、実践力を向上させ、現場実践を変革するために欠かせないものである。

図表1　基礎教育とリカレント教育との違い　（出典：筆者の勤務校の入試関係資料を一部改変）

＜土台の上に、実践力を築くために必要なこと＞

上記図表1からも分かるように、実践者の学びの強みは、理論を日々の実践や今まで経

験してきたものと照らし合わせて理解し直すことができること、逆に、理論を実践とを重ね合わせて、理論を用いて実践を捉え直せることにある。そして、実際にどのように行動すれば良いかを、どのようなことが妨げになるか、見落としや捉え方・対応の誤りがどのような構造で生じうるか等を含めて、様々な視点から、自ら考え、講師とやりとりをし、他の受講者とともに意見を交換しながら深められることにある。

その意味で、リカレント教育では、講師から一方的に講義を受けるということではなく、講師と受講者との対話や受講生同士で行う討論、模擬事例を用いた演習、実際の支援の場面を切り取ったうえで演じ、その内容を振り返り、そこでの気づきなどを分かち合うロールプレイ型の演習、さらには、自ら取り組んできた実践事例をまとめたうえで、その内容を様々な角度から省察してみる「実践研究」などにより構成することが重要であり、学びにおけるそれらの占める割合を高めて行くことが必要である。

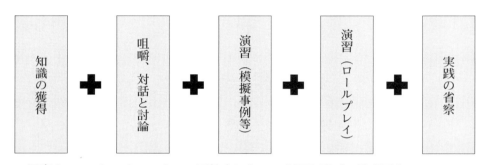

図表2　ソーシャルワーカーの再教育において必要な学びの構成要素（スタイル）

注：実践の省察には、「調べる」「分析する」「まとめる」「報告する」を含む。また、スーパービジョン（同一の専門職から受けるもの、専門性が異なるものから受けるもの）を受けることも欠かせない。筆者の勤務校では、これを「実践研究」と呼んでいる。

＜模擬事例を用いた演習の例＞

最後に、筆者が、勤務校の講義や子どもの虹研修情報センター等で行った研修（演習）の際に用いてきた模擬事例を二つ紹介しておこう。いずれも、実事例の本質を変えずに、匿名化、改変、合成を施した架空事例である。これらの事例を示し（5分余）、①参加者に個人で検討してもらう（5分）、②その内容を5～6人のグループで共有しながら深めてもらう（10分余）、③2～3のグループに報告してもらう（5分余）、④理論から導き出されるものや講師の視点などを紹介したうえで全体で意見交換をする（10分）という作業を繰り返す。3時間の演習で取り上げられる事例数は4～5例である。この演習の主な狙いは、多様な視点があることに気づくことと、支援とは、最悪を回避しながら、当事者と関係者とともに、当事者（まずは、子ども。その次に家族）の福祉をどうすれば実現できるか

を探求するプロセスであることを体験することである。

日本社会事業大学専門職大学院教授　宮島　清

模擬事例1

保育所から、連絡はするが児童虐待としての調査や聞き取りはしないで欲しいと要請された事例

- 4歳の女児について保育所から午後2時に連絡がありました。
- 内容は、「女児は朝、母親に送られて登園したが、その時の母子の様子が明らかに変だった。そして女児の首にはうっすらと赤い指の跡があった。母親からは、『朝、登園前に、子どもが言うことを聞かないので、首を絞めてしまった。』と話しがあった。母親は、何かがあると自分からそれを話すが、反省しているというよりは、『自分のやってしまったことは悪いことだが、理由もある。それを認めて欲しい。』という気持ちの勝る人だ。このため、母親を不安定にさせないように細心の注意を払って主に園長が支え続けている。保育所としては、これを報告はするが、保育所から児童虐待の通告があったとして、母親からも子どもからも聞き取りをするようなことはしないで欲しい。」というものでした。
- 家族構成は、女児と母親の他に、女児の父親が同居しています。母親の年齢は35歳、父親の年齢は39歳で、アパートに住んでいます。

問：あなたが市町村の児童福祉担当部署の職員だったら、どのように対応しますか？

模擬事例2

学校と保育所から通告があり、「保護者にどう自覚してもらうか」が「個別ケース検討会」で協議された事例

倉庫内仕分け作業、配達等月5万円程度？
元会社員
時間の自由がきく仕事、低収入
数年前に死別
公営住宅に居住
2年前に他市から転入
10　小学校4年生
5　保育所在

※事例の本質を残し、他を省略改変して作成した架空事例である

1. 兄の服がボロボロ、着替えが無い、入浴していない
2. 妹も同様に不潔で入浴しておらず、髪の毛がベタついている
3. 父の態度は丁寧、要望すればキリギリのことはする
4. 子どもは父親のことが好きで、父も子どもへの思いはありそう。食事はしている
5. 父に、連絡をすると「相談に伺います」というが、実際には来ない。留守電の返信もない
6. 家の中を見せたがらない

ア　支援の方向は？具体的に。
イ　最も注意すべきことは？
＊皆さんが描いたケース像を元に検討

【注記】
　各章の科目名に記載している［前・後］は、2016年児童福祉法改正によって研修の受講が義務付けられた「児童福祉司任用**前**講習会」と「児童福祉司任用**後**研修」の指定科目のことである。用途によって、使い分けられたい。

目 次

刊行にあたって …………………………………………………………………………… 3
最近の子ども家庭相談・虐待対応システムに関する国の動向 ………………………… 5
実践力を向上させるために必要なもの 演習、事例検討、ロールプレイ …………… 8

I 子どもの成長・発達と生育環境［前］

科目のねらい ………………………………………………………………………… 22
❶ 子どもの成長・発達 …………………………………………………………… 23
❷ 子どもの発達の特性 …………………………………………………………… 23
❸ 生育環境とその影響 …………………………………………………………… 24
❹ 母子健康手帳の活用 …………………………………………………………… 24
❺ 子ども及び保護者の精神や発達等の状況 …………………………………… 25
❻ 保護者の特性 …………………………………………………………………… 26

II 障害相談・支援の基本［前］

科目のねらい ………………………………………………………………………… 28
❶ 障害に関する法令と制度について …………………………………………… 29
❷ 障害種別と障害支援区分 ……………………………………………………… 29

III 子ども家庭相談援助制度及び実施体制［前］

科目のねらい ………………………………………………………………………… 32
❶ 子ども家庭の問題に関する現状と課題 ……………………………………… 33

- ❷ 子ども家庭福祉に関する法令及び制度 …………………………………… 33
- ❸ 国、都道府県(児童相談所)、市区町村の役割 ………………………… 34
- ❹ 児童相談所の業務(入所措置、児童福祉司指導、一時保護等) ……… 34
- ❺ 児童相談所が取り扱う相談(保健相談等を含む) ……………………… 35
- ❻ 市区町村相談援助業務 …………………………………………………… 37
- ❼ 要保護児童対策地域協議会の運営・業務 ……………………………… 37
- ❽ 児童福祉審議会の目的と役割 …………………………………………… 38

Ⅳ 子どもの権利擁護 [前]

科目のねらい ……………………………………………………………………… 42
- ❶ 子どもの権利の考え方 …………………………………………………… 43
- ❷ 児童福祉法にみる子ども家庭福祉の理念 ……………………………… 43
- ❸ 児童の権利に関する条約 ………………………………………………… 44
- ❹ 国際連合「児童の代替的養護に関する指針」 ………………………… 45
- ❺ 子どもの権利侵害 ………………………………………………………… 46
- ❻ 社会的養護における運営・養育指針(理念・原理) ………………… 46

Ⅴ 子ども福祉における倫理的配慮 [前]

科目のねらい ……………………………………………………………………… 50
- ❶ 子ども家庭福祉における倫理的配慮 …………………………………… 51
- ❷ エビデンスの必要性と得るための倫理的配慮 ………………………… 51
- ❸ 記録の取り方・管理 ……………………………………………………… 52
- ❹ 個人情報の取り扱い ……………………………………………………… 53

Ⅵ ソーシャルワークの基本 [前]

科目のねらい ……………………………………………………………………… 56

- ❶ ソーシャルワークとは …………………………………………………… 57
- ❷ ソーシャルワークの歴史 ………………………………………………… 57
- ❸ ソーシャルワークの原理と倫理 ………………………………………… 58
- ❹ ソーシャルワークの方法 ………………………………………………… 59
- ❺ ソーシャルワークの方法論に基づいた子ども・家庭支援のあり方 …… 60
- ❻ 子ども・家族とその関係性のアセスメント …………………………… 61
- ❼ 相談面接技術の基礎 ……………………………………………………… 61

Ⅶ 子ども虐待対応の基本 [前・後]

科目のねらい ……………………………………………………………………… 64
- ❶ 子ども虐待の一般的知識（現状と課題を含む） ……………………… 65
- ❷ 子ども虐待対応の基本原則（基本事項） ……………………………… 66
- ❸ 子ども虐待の発生予防 …………………………………………………… 67
- ❹ 子ども虐待における早期発見・早期対応 ……………………………… 68
- ❺ 通告の受理、安全確認 …………………………………………………… 68
- ❻ 通告時の聞き取り方 ……………………………………………………… 69
- ❼ 通告時の危機アセスメント、初期マネージメント …………………… 69
- ❽ 調　査 ……………………………………………………………………… 72
- ❾ 子ども虐待における保護・支援（在宅支援・分離保護・養育・家庭支援）… 73
- ❿ 子ども虐待事例のケースマネージメント（アセスメント・プランニング）… 74
- ⓫ 子ども虐待の重大な被害を受けた事例（死亡事例を含む）の検証の理解 … 74
- ⓬ 虐待・ネグレクトが子どもに与える心理・行動的影響 ……………… 75
- ⓭ 子ども虐待事例の心理療法 ……………………………………………… 76
- ⓮ 虐待に関連する子どもの諸問題（不登校、非行等） ………………… 76
- ⓯ 事実や所見等に基づく虐待鑑別・判断 ………………………………… 77
- ⓰ 被害事実確認面接についての理解 ……………………………………… 78
- ⓱ 警察・検察など関係機関との連携の必要性・あり方 ………………… 79

- ⑱ 特別な支援が必要な事例（代理によるミュンヒハウゼン症候群（MSBP）、医療ネグレクト等）の理解 ················· 80
- ⑲ 乳児揺さぶられ症候群（SBS）、虐待による頭部外傷（AHT）への対応 ······ 80
- ⑳ 性的虐待の理解と初期対応 ················· 81
- ㉑ 性的虐待の調査、刑法改正 ················· 82
- ㉒ 性的虐待被害児の理解と対応・治療 ················· 83

Ⅷ 非行対応の基本 [前・後]

- 科目のねらい ················· 88
  - ❶ 非行等の行動の問題への対応の基本 ················· 89
  - ❷ 非行ケースへの介入のあり方 ················· 90
  - ❸ 非行相談事例のケースマネージメント（アセスメントと自立支援計画） ······ 91
  - ❹ 特別な支援が必要な事例（性暴力、物質依存、放火等）の理解 ················· 92
  - ❺ 少年法との関係性 ················· 93
  - ❻ 警察・司法等との連携のあり方 ················· 94
  - ❼ 重大事案に関する一時保護のあり方 ················· 95

Ⅸ 子ども家庭支援のためのケースマネージメントの基本 [前・後]

- 科目のねらい ················· 100
  - ❶ ケースマネージメントとは ················· 101
  - ❷ ケースマネージメントの展開過程 ················· 101
  - ❸ ケースに関する調査のあり方 ················· 101
  - ❹ 子どもの面接・家族面接 ················· 102
  - ❺ 子ども・親・家族、地域のアセスメント ················· 103
  - ❻ 子ども・家族とその関係性のアセスメント ················· 103
  - ❼ ケースの問題の評価の方法 ················· 104

- ❽ 支援計画の立て方 …………………………………………………………… 105
- ❾ 子ども、保護者や関係機関等への支援計画の説明の仕方 ………… 105
- ❿ ケースの進行管理・再評価 ………………………………………………… 106
- ⓫ 上記について多様な相談を前提にした取り組み ……………………… 106
- ⓬ 子どもや保護者の地域の多様性に配慮した取り組み ………………… 107

X 子どもの面接・家族面接に関する技術 [後]

科目のねらい …………………………………………………………………… 110
- ❶ 子どもの面接・家族面接（ロールプレー）……………………………… 111

XI 児童相談所における方針決定の過程 [前・後]

科目のねらい …………………………………………………………………… 114
- ❶ チームアプローチ …………………………………………………………… 115
- ❷ スーパービジョン …………………………………………………………… 115
- ❸ ケースカンファレンス（事例検討）……………………………………… 116
- ❹ 方針決定のあり方 …………………………………………………………… 117

XII 行政権限の行使と司法手続き [前・後]

科目のねらい …………………………………………………………………… 120
- ❶ 司法関与に関する講義と演習 ……………………………………………… 121
- ❷ 行政権限の行使と司法手続き ……………………………………………… 121
- ❸ 親権停止・喪失、未成年後見人、無戸籍児童への対応、抗告、刑事告発、告訴等 …………………………………………………………………… 123

XIII　関係機関（市区町村を含む）との連携・協働と在宅支援 [前・後]

科目のねらい ……………………………………………………………128
- ❶ 各種関係機関の特徴と役割 ……………………………………129
- ❷ 関係機関との適切な連携・協働の取り方・あり方 …………130
- ❸ 関係機関への支援計画に関する理論的な説明の必要性 ……130
- ❹ 市区町村子ども家庭相談と児童相談所との協働 ……………131
- ❺ 要保護児童対策地域協議会と児童相談所との協働 …………132
- ❻ 関係機関との協動と在宅支援 …………………………………133
- ❼ 多職種連携のためのコミュニケーションの取り方 …………134

XIV　社会的養護による自立支援 [前・後]

科目のねらい ……………………………………………………………138
- ❶ 社会的養護制度の概要 …………………………………………139
- ❷ 社会的養護制度（児童養護施設） ……………………………141
- ❸ 社会的養護制度（乳児院） ……………………………………142
- ❹ 社会的養護制度（児童自立支援施設） ………………………143
- ❺ 社会的養護制度（母子生活支援施設） ………………………143
- ❻ 社会的養護制度（児童心理治療施設） ………………………144
- ❼ 社会的養護制度（里親） ………………………………………145
- ❽ 養子縁組制度 ……………………………………………………146
- ❾ 社会的養護における永続性・継続性を担保するソーシャルワークのあり方 …………………………………………………………148
- ❿ 社会的養護における権利擁護（被措置児童等虐待、苦情解決、第三者評価） 149
- ⓫ 生活支援と治療的養育 …………………………………………151
- ⓬ 年長児童の自立支援のあり方 …………………………………151
- ⓭ 社会的養護と児童相談所等の関係機関との連携 ……………152

- ◆14 移行期ケアのあり方 …………………………………… 152
- ◆15 ファミリーソーシャルワーク及び家庭復帰支援のあり方 …………… 153

資 料 集 …………………………………………………………… 157

「児童福祉司等の義務研修テキスト作成に関する調査研究会」委員一覧 …187
「児童福祉司研修テキスト」執筆者一覧 ………………………………………188

※本文中に通称で掲載している法律・制度等の正式名称は、p.157 に記載している。
　なお、本書の掲載内容は、2019 年 3 月末現在のものである。

I

子どもの成長・発達と生育環境 ［前］

科目のねらい ……………………………………………	22
❶ 子どもの成長・発達 ………………………………………	23
❷ 子どもの発達の特性 ………………………………………	23
❸ 生育環境とその影響 ………………………………………	24
❹ 母子健康手帳の活用 ………………………………………	24
❺ 子ども及び保護者の精神や発達等の状況 ………………	25
❻ 保護者の特性 ………………………………………………	26

◆科目のねらい

　子どもの成長・発達と生育環境を理解し、日常の業務の中で活かせるようになることをねらいとする。子どもの成長・発達を捉えるということの意義は、成長・発達の時期によって子どもたちの抱える課題は異なり、そのことを考慮しなければ、その時期ごとの支援の道筋を構築することが難しくなるということである。また、保護者自身が、子どもの成長・発達の過程への深い理解がないと、どうしても、体罰や暴言などの虐待につながりかねない方法を用いた養育になってしまう。また、本来子どもにとって受けるべき支援が受けられないことによる深刻なネグレクトの影響の理解も、子どもの発達や成長が捉えられていてこそ、深刻な課題として認識されるようになる。さらに、子育ての中における孤立や支援の受けづらさなどを抱えている保護者のことを理解していないと、支援の開始前、中、後のすべての段階で、保護者自身の課題（子育て支援の申し出の拒否、支援者そのものの拒否、支援者への攻撃や操作等）が露呈し、一気に虐待やネグレクトへとつながる可能性もある。

　虐待やネグレクト環境にあった（あるいは、ある）子どもたちは、本来あるべき環境が設定されないことで、健やかな育ちが阻害される。その点でも、子どもの健やかな発達や成長の道筋がしっかりと理解されていてこそ、虐待・ネグレクトを受けた子どもの問題や課題、及び支援の方法や過程が明確になっていく。

　以上を踏まえ、この科目では、子どもの成長・発達、子どもの発達の特性、生育環境とその影響、母子健康手帳の活用、子ども及び保護者の理解と発達等の状況、保護者の特性という観点から上記の課題を掘り下げていく。

❶ 子どもの成長・発達

　身長や体重について0〜18歳までの各年齢の平均値と、その平均値から上下にどの程度の隔たりがあるかを明らかにするための数値幅を示した曲線を成長曲線といい、身体発育・発達の指標として用いられる。また、身長や体重が時代（年代）とともに増加することを成長加速現象と呼び、身体発達や性的成熟の時期の加速化を発達加速現象と呼ぶ。
　運動発達や知的・精神発達には、順序性（つかまり立ち → ひとり歩き、感覚運動的知能→表象的知能）、方向性（頭部→脚部、躯幹運動〔中心〕発達 → 手先の〔末端〕発達）等の原理がある。
　また、特に発達初期において、ある時期の経験の効果が、それ以降の時期にはみられないほど大きい場合、その時期を臨界期という。例えば、言語の発達についても、養育者等からの語りかけを通して、生後6か月までに（母語に）典型的な音声を母語の典型として知覚する枠組みが脳にでき上がることなどがわかっている。

❷ 子どもの発達の特性

　エリクソンの心理・社会的発達課題に関する理論によれば、乳児期の心理・社会的発達にとって重要なのは、特定の他者（多くは養育者）への「基本的信頼感」の獲得であり、それは同時に、自分への信頼（有能感）の形成をも意味する。換言すれば、これは、養育者との安定した愛着の形成であり、これを基盤として、情緒的安定や知的・社会的な発達が促進される。幼児期は自我の発達の萌芽としての「自立性」、周囲の世界に好奇心を持って挑む「能動性」の獲得が重要となる。学齢期は、同性同年齢の仲間との関係の中で、努力して何かを達成することの経験が心の発達に意味を持つ。思春期は、仲間との信頼と相互依存関係を基盤として親から精神的に自立していく助走期間と捉えられるが、進路や対人関係等で悩み多いときでもあり、親からの自立と依存との葛藤で揺れるときでもある。
　子ども期の虐待やネグレクト環境は、心の発達のスタートである「愛着形成」が不全で

あるために、心の安定化の基盤がなく、乳児期以降の心理・社会的発達課題の獲得が難しく、後年の精神的問題のリスクも高まるといえる。

❸ 生育環境とその影響

　乳幼児期における安定的なアタッチメントの形成を基盤にして、子どもの社会性は発達する。子どもの情緒的な発達過程を理解するうえで、最低限エリクソンのライフサイクル論は理解しておくことが望ましい。

　不適切な養育環境で育った子どもは、危機感や不安感を感じたときに安心感を回復できず、周囲に対する警戒心や攻撃性が高まり、さらに情動のコントロールも困難になる。

　幼児期後半から学童期になると、多動・衝動性の亢進や、他者との共感性が困難になるなど発達障害の様な行動特性を示すことが多い。

　小学校中学年を迎えると、他児がギャンググループを形成し集団の凝集性が高まる中、情動のコントロールや他児との協調的な関わりが困難なため同年代集団から孤立してしまう。学業の遅れから劣等感も強くなる。教室内で過ごすことが困難となり、徐々に反社会的行動が目立つようになる。

　思春期になると、大人に対する依存的な行動をとれなくなり、社会への不信感を基盤に反社会的行動に発展するか、家族や社会的な居場所のなさから抑うつ的となり、自傷行為・自殺企図・ひきこもり等の問題を呈することも多い。

❹ 母子健康手帳の活用

　母子健康手帳の交付は、妊娠届によりなされる、まもなく母になる女性と行政とのファーストコンタクトの機会であり、「妊娠、出産又は育児に関し、相談に応じ、個別的又は集団的に必要な指導及び助言」（母子保健法第9条）を行う法の趣旨にかなうところである。

　手帳交付時に把握することが推奨される情報（妊娠・出産、育児に伴うリスク要因等）は、国からの通知※に詳細に例示されており、保健師や助産師等が、面接によって例を参考に、

妊婦の身体的・精神的・経済的状態等の把握に努めることが推奨されている。

母子健康手帳は、妊娠11週までに90％の妊婦が申請している（「「健やか親子21」最終評価報告書」2013）。

母子健康手帳の交付は、妊娠・出産によって顕在化されるであろう育児力や夫婦間葛藤、家族構造の変化に伴うさまざまな不安等、母となる女性が抱きやすい心理的問題や精神的状態などを聞き知る好機として重視し、その後のスムーズな支援関係構築の入り口として期待される場でもある。

※「要支援児童等（特定妊婦を含む）の情報提供に係る保健・医療・福祉・教育等の連携の一層の推進について」雇児総発1216第2号、雇児母発1216第2号 平成28年12月16日，雇児総発0331第9号 雇児母発0331第2号 平成29年3月31日。

◆5 子ども及び保護者の精神や発達等の状況

　子どもの知的障害、発達障害は個別性が高く、また、関係性の影響を受けやすく、保護者や支援者の関わりによって、その特徴が大きく変わっていく。障がいの早期発見、早期支援も大事であるが、「気になる子」という段階から丁寧に関わり、しかも、長期間見守ることも大事である。言葉の遅れ、感覚過敏、コミュニケーションの取れなさ、偏食等早い時期からの支援が可能となる。また、保護者自身の精神疾患、知的障害、発達障害等がある場合、直接会って子育て環境を支えるだけでなく、手紙、電話、メール等多様な手段を通して関わることが大事である。このことで、子育てが支えられていて、孤立していないという思いが持てるようになっていく。

　うつ傾向があったり、統合失調症等の保護者の場合、子どもは安全・安心の感覚が阻害される可能性がある。そのような場合、子どもへの個別的な支援を行うことで、子どもの安心感が得られたり、発達が促進されたりして、結果として、保護者と子どもとの関係が改善されることもある。また、子育て不安が高まり、親が不適切な言動をしてしまうこともある。家庭訪問による親支援では、支援者に対する拒否的態度、強い攻撃等もあるかもしれないので、根気強く関わることが支援者に求められる。その際、それらの拒否や攻撃こそ、育児不安や親自身の生い立ちの中での未整理な感情の表れと理解し、それらをしっかりと受け止め、少しずつ信頼関係を構築し、子育ての応援者であるとわかってもらう努力が必要となる。

6 保護者の特性

　妊娠、産褥期の母のうつ状態等精神状態の不調は母自身の問題だけでなく、母子相互作用に影響を及ぼし、不安の増大、養育困難、児童虐待に表れることがある。また、うつ病だけでなく、統合失調症等の精神疾患では、持続的な養育能力の低下をきたし、子どもの発育や発達への支障につながるという知見もある。中には、親自身が重い外傷的生育環境を背負っている場合など原家族との確執や葛藤を抱える場合は、肯定的親モデルが持ちづらく、自傷行為や他罰的態度での対人関係の取り方を繰り返す例も少なくはない。このような親たちは、満たされない欲求不満と自己否定感情を抱えていることも多く、育児は、時に脅威ともなり、高いストレス状態に追い込まれやすい。加えて対人関係をうまく取り結ぶ力も乏しいことから、自らSOSを出したり、資源を利用する受援力が乏しい。「支援を受けながら子どもを育てることはよいこと」、つまり受援力を付与したい。

　支援者は、包括的に集めた情報から子どもの健全な育成の保障を第一に危機判断を行うとともに、内実を吐露し切れない親の苦悩も引き出し、親が自身を見つめなおし、レジリエンスを高めていけるよう関わる姿勢が必要である。

引用・参考文献
- ❸ 数井みゆき・遠藤利彦編著『アタッチメント——生涯にわたる絆』ミネルヴァ書房 2005年。
  杉山登志郎編著『講座 子ども虐待への新たなケア』学研プラス 2013年。
- ❹ 『「健やか親子21」最終評価報告書』厚生労働省雇用均等・児童家庭局母子保健課 平成25年11月。

さらに深く学ぶ人のために

- ❸ 相澤仁編集代表、奥山眞紀子編『生活の中の養育・支援の実際（やさしくわかる社会的養護シリーズ4)』明石書店 2013年。

II

障害相談・支援の基本 [前]

科目のねらい ……………………………………………………… 28
❶ 障害に関する法令と制度について ……………………………… 29
❷ 障害種別と障害支援区分 ………………………………………… 29

◆科目のねらい

　障がいのある子どもと家族に対する支援にあたって、まず次のことを考えてみよう。

・障がいのある人と家族の支援を、「自分だったら」「自分の家族だったら」と考えてみる。

　あなたの子どもが障がいをもって生まれたら、あなたはどのような気持ちになるだろうか。多くの親は、自分の子どもが障がいをもって生まれるとは思っていない。その気持ちを理解することが、支援の第一歩につながる。

・「障害受容」を本人、家族に押しつけていないか考えてみる。

　「障害受容」とは、本人が自分自身の障がいを受け入れたり、親が子どものもつ障がいを受け入れたりすることをいう。障がいを負った後の心の苦しみを、自分自身の中から生じるものを「自己受容」、他人から負わされるものを「社会受容」という。障害受容＝自己受容と考えてしまうと、支援がうまくいかないことの責任を「障害受容」ができない本人や家族の責任にしてしまいかねない。サービスの選択肢の少なさや、社会によって負わされる障がいに対する負の価値観を問題にするべきである。

・「本人支援」と「家族支援」を双方の立場から考えてみる。

　家庭で生活する障害者の介護の担い手は、家族に負うところが大きい。日々の障害者の家庭での生活を直接支援している家族にとって、ショートステイを利用して、何日か障がいのある本人を施設に預け、日頃の介護疲れを回復することが考えられる。

　一方、障がいのある本人の立場になって考えてみると、家族が、介護負担の軽減のためにショートステイを利用することは、自分の存在が、家族にとって負担になっていると感じるかもしれない。

　「家族支援」は、家族を支援することのようにみえて、本質は障がいのある本人の生活を支援することである。「家族支援」と聞いて、家族の負担軽減の側面からだけ考えてしまうと、家族も障害者も本当は納得できないのに、しかたなく諦める生活に誘導してしまう恐れがある。家族の気持ち、障害者本人の気持ちをそれぞれの立場になって考え、どちらも納得できるような支援の選択肢がないかを考えて提案し、障がいのある本人と家族に何を選ぶのか決めてもらうことが重要である。

　これらのようなことを踏まえて、制度によるサービスの利用を考える必要がある。

1 障害に関する法令と制度について

　障がいに関する法令には、障害種別に応じた「身体障害者福祉法」「知的障害者福祉法」「精神保健及び精神障害者福祉に関する法律（精神保健福祉法）」「発達障害者支援法」がある。障害福祉サービスの給付等に関する法律には、「障害者の日常生活及び社会生活を総合的に支援するための法律（障害者総合支援法）」、18歳未満の障害児を対象にしたサービスは、「児童福祉法」に定められている。

　また、障害者の自立及び社会参加の支援等のための施策を推進することを目的とした「障害者基本法」、国や自治体等の虐待防止のための責務や、虐待を受けたと思われる障害者を発見した人の通報義務等を定めた「障害者虐待の防止、障害者の養護者に対する支援等に関する法律（障害者虐待防止法）」、障がいを理由とする差別等の禁止や合理的配慮の提供による社会的障壁の除去等を定めた「障害を理由とする差別の解消の推進に関する法律（障害者差別解消法）」、障害者の雇用義務等に基づく雇用の促進や、職業リハビリテーション等を通じて、障害者の職業の安定を図ることを目的とした「障害者雇用促進法」、障害者の人権の尊重を促進するための措置等を規定した、「障害者の権利に関する条約（障害者権利条約）」などがある。

2 障害種別と障害支援区分

　障害者手帳の制度に基づく障害種別は、身体障害、知的障害、精神障害（発達障害を含む）の3障害である。

　障害福祉サービスの給付等を定めた「障害者の日常生活及び社会生活を総合的に支援するための法律」（以下、障害者総合支援法）では、それに加えて難病（359疾病）が対象となる。

　障害者総合支援法は、地域社会における共生の実現に向けて、障害福祉サービスの充実等、障害者の日常生活及び社会生活を総合的に支援するため、2012年に障害者自立支援法から改正・改称された。内容は、訓練等給付（グループホーム、就労移行支援、就労継続

支援等）と介護給付（ホームヘルパー、生活介護、施設入所支援等）などのサービスがある。市区町村は、介護給付等の支給に関わる申請を受けた場合、障害支援区分の認定を行う。障害支援区分は、障がいの多様な特性その他心身の状態に応じて必要とされる標準的な支援の度合を総合的に示すものとされている。認定調査員による認定調査と主治医意見書をもとに、コンピューターによる1次判定、市区町村審査会における2次判定を経て、障害支援区分1～6または非該当の結果が出る。障害支援区分に応じて、利用が可能となるサービスもある。

さらに深く学ぶ人のために

❶ 全国社会福祉協議会「障害者福祉サービスの利用について［平成27年4月版］」
　　http://www.shakyo.or.jp/news/kako/materials/pdf/pamphlet_201504.pdf（2018年3月5日閲覧）
　全国社会福祉協議会「障害者総合支援法及び児童福祉法の改正について」※障害者総合支援法のサービス利用説明パンフレット
　　http://www.shakyo.or.jp/news/kako/materials/pdf/kaisei_201605.pdf（2018年2月22日閲覧）
　内閣府「改正障害者基本法〈わかりやすい版〉」
　　http://www8.cao.go.jp/shougai/suishin/kaikaku/pamphlet/kihonhou/index_pdf.html（2018年2月22日閲覧）
　厚生労働省「障害者虐待防止法が施行されました」
　　http://www.mhlw.go.jp/stf/seisakunitsuite/bunya/hukushi_kaigo/shougaishahukushi/gyakutaiboushi/index.html（2018年2月22日閲覧）
　内閣府「障害者差別解消法リーフレット」
　　http://www8.cao.go.jp/shougai/suishin/sabekai_leaflet.html（2018年2月22日閲覧）
　厚生労働省「障害者雇用促進法の概要」
　　http://www.mhlw.go.jp/stf/seisakunitsuite/bunya/koyou_roudou/koyou/shougaishakoyou/03.html（2018年2月22日閲覧）
　外務省「障害者の権利に関する条約（略称：障害者権利条約）」
　　http://www.mofa.go.jp/mofaj/gaiko/jinken/index_shogaisha.html（2018年2月22日閲覧）
　内閣府「障害者権利条約」
　　http://www8.cao.go.jp/shougai/un/kenri_jouyaku.html（2018年2月22日閲覧）
❷ 全国社会福祉協議会「障害者福祉サービスの利用について［平成27年4月版］」
　　http://www.shakyo.or.jp/news/kako/materials/pdf/pamphlet_201504.pdf（2018年3月5日閲覧））
　全国社会福祉協議会「障害者総合支援法及び児童福祉法の改正について」※障害者総合支援法のサービス利用説明パンフレット
　　http://www.shakyo.or.jp/news/kako/materials/pdf/kaisei_201605.pdf（2018年2月22日閲覧））
　厚生労働省「障害支援区分」
　　http://www.mhlw.go.jp/stf/seisakunitsuite/bunya/hukushi_kaigo/shougaishahukushi/kubun/index.html（2018年2月22日閲覧）

III 子ども家庭相談援助制度及び実施体制［前］

科目のねらい	32
❶ 子ども家庭の問題に関する現状と課題	33
❷ 子ども家庭福祉に関する法令及び制度	33
❸ 国、都道府県（児童相談所）、市区町村の役割	34
❹ 児童相談所の業務（入所措置、児童福祉司指導、一時保護等）	34
❺ 児童相談所が取り扱う相談（保健相談等を含む）	35
❻ 市区町村相談援助業務	37
❼ 要保護児童対策地域協議会の運営・業務	37
❽ 児童福祉審議会の目的と役割	38

◆科目のねらい

　子ども家庭福祉に係る課題は、現在の子どもの安全や権利だけでなく、子どもや家庭の未来にまで影響を与える。子どもや家庭を効果的に支えていくためには、今起きている現象への対応だけでなく、子どもや家庭の未来を支えるために制度やさまざまな仕組みを利用していく必要があるだろ。

　子どもや家庭を援助するうえで、法律や行政の仕組みは実践を支えるためのツールである。制度や体制がいかに整えられたとしても、子どもや家庭のニーズに沿うためには限界があり、必ず谷間が存在する。ソーシャルワーカーはこれらの支援ツールの強みと限界を踏まえたうえで、現在、そして未来を見通し、効果的な実践を行う必要がある。

子ども家庭の問題に関する現状と課題

　第二次世界大戦後における日本の大きな社会構造の変化は、いわゆる「団塊の世代」に大きな影響を受けた。「団塊の世代」は総人口に占める割合が大きく、高度経済成長期に代表する地方から都市、あるいは工業地帯への人口の移動を促し、都市化や郊外の団地を中心に核家族化が進行した。現在では、子育ての孤立やつながりの希薄化、共働き家庭の増加等による保育、放課後の子どもの居場所等の確保などが重要な課題である。

　家庭は成員の福祉やウェルビーイング（well-being）を保障する場である。一方、外部の影響を受けにくい家庭環境は、子育ての孤立や育児不安、子ども虐待や家庭内暴力（DV）が発生するイルビーイング（ill-being）な状況におちいることがある。また、子育ての文化の欠如、不適切な養育が世代間で受け継がれる可能性も指摘される。また、子どもの貧困・格差、外国籍等の多様な文化的背景のある家庭へのアプローチ、障がいのある子どもへの社会的支援、学校等での体罰やいじめなどのさまざまな課題に対応するため、新たな担い手を確保しながら、子どものウェルビーイングが積極的に保障される環境構築が求められる。

子ども家庭福祉に関する法令及び制度

　第二次世界大戦後まもない1946年に「日本国憲法」が公布され、その第25条に生存権がうたわれ、1947年に「児童福祉法」が制定された。この「児童福祉法」をはじめ、「児童扶養手当法」、「特別児童扶手当等の支給に関する法律」、「母子及び父子並びに寡婦福祉法」、「母子保健法」、「児童手当法」を総称し、児童福祉六法と呼ぶ。また、親権や養子縁組等について記載された「民法」、少年非行等に対応する「少年法」がある。さらに、昨今の子どもと家族を取り巻く諸課題に対応するため、「児童虐待の防止等に関する法律」、「配偶者からの暴力の防止及び被害者の保護等に関する法律」、「児童買春、児童ポルノに係る禁止行為等の規制及び処罰並びに児童の保護等に関する法律」、「子どもの貧困対策の推進に関する法律」等が定められた。加えて、主として少子化や子育て支援等に対する子

ども・子育て関連3法等がある。

国、都道府県（児童相談所）、市区町村の役割

　市区町村は、児童が心身ともに健やかに育成されるよう、基礎的な地方公共団体として、身近な場所で子どもや保護者を継続的に支援し、子ども虐待の発生予防等を図る。児童及び妊産婦の福祉に対する必要な実情の把握（児童福祉法第10条第1項）、必要な情報の提供（第10条第2項）、家庭そのほかの相談に応じ、必要な調査及び指導を行うこと等（第10条第3項）、そのほかにも障害児通所給付費の支給（第3条の3）、保育の実施（第24条第1項）等を行う。

　都道府県は、必要に応じて児童相談所等の技術的支援や助言及び判定等の適切な援助を行うとともに、専門的知識及び技術並びに各市区町村の区域を越えた広域的な対応が必要な業務を行う（第3条の3第2項）。

　国は、市区町村及び都道府県の行う業務が適切かつ円滑に行われるよう、児童が適切に養育される体制の確保に関する施策、市町村及び都道府県に対する助言及び情報提供等、必要な措置を行う（第3条の3第3項）。

児童相談所の業務（入所措置、児童福祉司指導、一時保護等）

　児童相談所は、児童の福祉に関する市区町村相互間の連絡調整、情報の提供、また児童及び妊産婦の福祉に関する広域的な見地による実情把握、専門的な知識及び技術を必要とする相談対応、調査及び判定やそれに伴う必要な指導、児童の一時保護、里親の啓発普及・支援、養子縁組相談への対応等（児童福祉法第11条）を担う。また、「障害者総合支援法」第22条第2～3項、第26条第1項に記載されている業務を行うことが求められる。また、「児童福祉法」に基づき、警察からの送致、家庭裁判所の送致を受けた活動を行うこともある。児童相談所長は、都道府県知事の監督を受け、所務を掌握する（第12

条の3）。

　相談援助活動は、調査、診断、判定（アセスメント）、見立てから始まる。必要に応じて児童福祉司指導等を行う。また、子どもや家庭の危機状態、緊急度によって、緊急介入や一時保護、施設入所等措置を行う場合もある。なお、業務を遂行する上で、子どもや保護者の人権に配慮し、十分な説明を行った上で意向、意見を聞き、尊重することが求められる。

児童相談所が取り扱う相談（保健相談等を含む）

　児童相談所は子どもの福祉に関する多様な問題に対応するが、養護相談、障害相談、非行相談、育成相談、保健相談、そのほかに分類される。なお、養護相談には児童虐待相談も含まれている。

　養護相談は家庭の養育状況において、子どもの権利を保障するための相談対応である。保護者等が自ら相談する場合もあるが、危機状況等において危機介入を行う場合もある。障害相談では、子どもの体や精神発達、及び情緒、家庭の状況等を調査・判定・診断をし、必要な援助に結びつける。非行相談は、子どもの犯罪や非行、ぐ犯等に対応する支援である。育成相談は性格行動、しつけ、適性、不登校等が対象である。保健相談は低出生体重児、虚弱児、内部障害機能、小児喘息そのほかの疾患等に関する援助である。そのほかの相談としては、里親希望、養子縁組、夫婦関係等についての相談から、上記の相談に含まれない相談も必要に応じて対応したり、ほかの相談機関へあっせんする場合もある。

図表 3-5-1　受け付ける相談の種類及び主な内容

分類	相談種別	内容
養護相談	1. 児童虐待相談	児童虐待の防止等に関する法律の第 2 条に規定する次の行為に関する相談。 (1) 身体的虐待：生命・健康に危険のある身体的な暴行 (2) 性的虐待：性交、性的暴行、性的行為の強要 (3) 心理的虐待：暴言や差別など心理的外傷を与える行為、児童が同居する家庭における配偶者、家族に対する暴力 (4) 保護の怠慢、拒否（ネグレクト）：保護の怠慢や拒否により健康状態や安全を損なう行為及び棄児
	2. その他の相談	父又は母等保護者の家出、失踪、死亡、離婚、入院、稼働及び服役等による養育困難児、迷子、親権を喪失・停止した親の子、後見人を持たぬ児童等環境的問題を有する子ども、養子縁組に関する相談。
保健相談	3. 保健相談	未熟児、虚弱児、ツベルクリン反応腸転児、内部機能障害、小児喘息、その他の疾患（精神疾患を含む）等を有する子どもに関する相談。障害相談。
障害相談	4. 肢体不自由相談	肢体不自由児、運動発達の遅れに関する相談。
	5. 視聴覚障害相談	盲（弱視を含む）、ろう（難聴を含む）等視聴覚障害児に関する相談。
	6. 言語発達障害等相談	構音障害、吃音、失語等音声や言語の機能障害をもつ子ども、言語発達遅滞を有する子ども等に関する相談。ことばの遅れの原因が知的障害、自閉症、しつけ上の問題等他の相談種別に分類される場合は該当の種別として取り扱う。
	7. 重症心身障害相談	重症心身障害児（者）に関する相談。
	8. 知的障害相談	知的障害児に関する相談。
	9. 発達障害相談	自閉症、アスペルガー症候群、その他広汎用性発達障害、学習障害、注意欠陥多動性障害等の子どもに関する相談。
非行相談	10. ぐ犯等相談	虚言癖、浪費癖、家出、浮浪、乱暴、性的逸脱等のぐ犯行為若しくは飲酒、喫煙等の問題行動のある子ども、警察署からぐ犯少年として通告のあった子ども、又は触法行為があったと思料されても警察署から法第 25 条による通告のない子どもに関する相談。
	11. 触法行為等相談	触法行為があったとして警察署から法第 25 条による通告のあった子ども、犯罪少年に関して家庭裁判所から送致のあった子どもに関する相談。受け付けた時には通告がなくとも調査の結果、通告が予定されている子どもに関する相談についてもこれに該当する。
育成相談	12. 性格行動相談	子どもの人格の発達上問題となる反抗、友だちと遊べない、落ち着きがない、内気、緘黙、不活発、家庭内暴力、生活習慣の著しい逸脱等性格もしくは行動上の問題を有する子どもに関する相談。
	13. 不登校相談	学校及び幼稚園並びに保育所に在籍中で、登校(園)していない状態にある子どもに関する相談。非行や精神疾患、養護問題が主である場合等には該当の種別として取り扱う。
	14. 適性相談	進学適性、職業適性、学業不振等に関する相談。
	15. 育児・しつけ相談	家庭内における幼児の育児・しつけ、子どもの性教育、遊び等に関する相談。
	16. その他の相談	1 ～ 15 のいずれにも該当しない相談。

(「児童相談所運営指針」児発第 133 号　平成 2 年 3 月 5 日、子発 1025 第 1 号　平成 30 年 10 月 25 日)

6 市区町村相談援助業務

　子ども虐待等の子ども・家庭におけるニーズの増大を受け、2004年の児童福祉法等の改正に伴い、市区町村は児童相談の一義的な相談機関として位置づけられた。市区町村は、子どもに関する各般の問題につき、家庭そのほかからの相談に応じ、子どもが有する問題または子どもの真のニーズ、子どもの置かれた環境の状況等を的確に捉え、個々の子どもや家庭にもっとも効果的な援助を行い、もって子どもの福祉を図るとともに、その権利を擁護することとなった。また、子どもに対する支援だけでは問題の根本的な解決につながらない場合も多く、家庭全体を視野に入れた支援が必要とされる。

　市区町村は住民に身近な存在であり、支援においては特に虐待をはじめとする初期対応、及び未然防止や早期発見につながる早期対応が重要である。また、都道府県との適切な役割分担・連携も不可欠である。相談援助活動においては、子どもの最善の利益の尊重と子どもの安全の確保徹底の両立が重要である。また、受容的・個別的対応や子ども及び保護者の意向の尊重、及び秘密の保持の姿勢が求められる。

7 要保護児童対策地域協議会の運営・業務

　要保護児童対策地域協議会は要保護・要支援児童の早期発見や適切な保護、及び要保護児童、保護者や特定妊婦の情報共有や適切な支援を図るために設置される。協議会は関係機関、団体及び子どもの福祉に関する職務に従事する者、関係者によって構成する（児童福祉法第25条の2、同条第2項）。事務局は市区町村に置かれ、厚生労働大臣が定めた基準に適合する研修を受けた調整担当者を配置する。なお、要保護児童とは、「保護者のない児童又は保護者に監護させることが不適当であると認められる児童」（第6条の3）であり、虐待を受けた子どもに限らず、要支援児童、非行児童、特定妊婦等も含まれる。

　協議会の構造は3層構造が想定される。代表者会議は、実務が円滑に運営される環境整備を目的とし、構成員の代表者が参加し、年1～2回開催される。実務者会議は、実際に活動する実務者から構成される定期的な会議で、定期的な情報交換やすべてのケースの定

期的なフォロー、進行管理、主担当機関の取り決め、支援方針等を見直す。個別ケース検討会議は個々の要保護児童等について情報交換を行い、支援方針を検討するため、直接関わりを有する担当者や今後関わるべき関係者が参加する。なお、参加者には守秘義務が課せられる。

児童福祉審議会の目的と役割

　都道府県、及び市区町村は児童福祉に関する審議会そのほかの合議制の機関を置く。都道府県児童福祉審議会は知事、市町村児童福祉審議会は市区町村長の管理に属し、児童福祉に関する事項を調査審議する（児童福祉法第8条第3項）とともに、諮問に応え、関係行政機関に意見を具申できるほか、子ども、妊産婦、及び知的障害者の福祉に関する事項を調査審議する（第8条第2項）。なお、国においては社会保障審議会の中に児童部会が設置され各般の検討を行う。

　児童福祉審議会では児童及び知的障害者の福祉を図るために、芸能、出版物、玩具等を推薦し、その制作者、販売者等に対し、必要な勧告をする（第8条第8項）。また、都道府県知事は、通告を受けた児童、少年法による送致を受けた児童、相談に応じた児童、その保護者や妊産婦につき措置等をとるとき、及びその解除・停止・変更の際（第27条第6項）、親権喪失若しくは親権停止の審判請求がされておらず、一時保護が親権者及び未成年後見人の意に反する場合（第33条第5項）、保育所設置の認可（第35条第6項）、事業停止、施設閉鎖（第59条第5項）、児童福祉施設や里親が基準に達せず有害である場合（第46条第4項）等に児童福祉審議会の意見を聴くこととなっている。

引用・参考文献
- ❸ 「児童福祉法」法律第164号 昭和22年、法律第71号 平成29年。
- ❹ 「児童福祉法」法律第164号 昭和22年、法律第71号 平成29年。
  「子ども虐待対応の手引き（平成25年8月改正版）」雇児総発0823第1号 平成25年8月23日。
- ❺ 「児童相談所運営指針」児発第133号 平成2年3月5日、子発1025第1号 平成30年10月25日。
- ❻ 厚生労働省雇用均等・児童家庭局「市町村児童家庭相談援助指針」平成28年10月31日。
  「市町村子ども家庭支援指針」（ガイドライン）雇児発0331第47号 平成29年3月31日、子発0720第7号 平成30年7月20日。

「児童福祉法」法律第164号 昭和22年、法律第71号 平成29年。
❼「児童福祉法」法律第164号 昭和22年、法律第71号 平成29年。
　「要保護児童対策地域協議会設置・運営指針」雇児発0331第6号 平成22年3月31日、雇児発0331第46号 平成29年3月31日。
❽「児童相談所運営指針」児発第133号 平成2年3月5日、子発1025第1号 平成30年10月25日。
　「子ども虐待対応の手引き（平成25年8月 改正版）」雇児総発0823第1号 平成25年8月23日。
　「児童福祉法等の一部を改正する法律の公布について」雇児発0603第1号 平成28年6月3日。
　「児童福祉法」法律第164号 昭和22年、法律第71号 平成29年。

さらに深く学ぶ人のために

❶ 恩賜財団母子愛育会愛育研究所編『日本子ども資料年鑑2018』KTC中央出版 2018年。
❸「児童相談所運営指針」児発第133号 平成2年3月5日、子発1025第1号 平成30年10月25日。
　「子ども虐待対応の手引き（平成25年8月改正版）」雇児総発0823第1号 平成25年8月23日。
　「市町村子ども家庭支援指針」（ガイドライン）雇児発0331第47号 平成29年3月31日、子発0720第7号 平成30年7月20日。
❹「児童相談所運営指針」児発第133号 平成2年3月5日、子発1025第1号 平成30年10月25日。
　「子ども虐待対応の手引き（平成25年8月改正版）」雇児総発0823第1号 平成25年8月23日。
❻「市町村子ども家庭支援指針」（ガイドライン）雇児発0331第47号 平成29年3月31日、子発0720第7号 平成30年7月20日。
❼「要保護児童対策地域協議会設置・運営指針」雇児発0331第6号 平成22年3月31日、雇児発0331第46号 平成29年3月31日。
❽「児童相談所運営指針」児発第133号 平成2年3月5日、子発1025第1号 平成30年10月25日。
　「子ども虐待対応の手引き（平成25年8月改正版）」雇児総発0823第1号 平成25年8月23日。
　「児童福祉法等の一部を改正する法律の公布について」雇児発0603第1号 平成28年6月3日。

Ⅳ
子どもの権利擁護 ［前］

科目のねらい ………………………………………………………… 42
❶ 子どもの権利の考え方 …………………………………………… 43
❷ 児童福祉法にみる子ども家庭福祉の理念 ……………………… 43
❸ 児童の権利に関する条約 ………………………………………… 44
❹ 国際連合「児童の代替的養護に関する指針」………………… 45
❺ 子どもの権利侵害 ………………………………………………… 46
❻ 社会的養護における運営・養育指針（理念・原理）………… 46

◆科目のねらい

　児童相談所において、子どもや家族への支援・介入の実施に当たっては、全ての段階において、子どもの権利条約に定めている「生きる権利」「守られる権利」「育つ権利」「参加する権利」が保障されているかを意識しながら遂行することが求められる。そのため、児童相談所の職員は子どもの権利の擁護者であるとともに、子どもの権利擁護の最後の砦であることを常に自覚して、子どもの権利擁護のためにその権限を適切に遅滞なく行使する責任がある。

　さらに、子どもの権利擁護に当たっては、児童相談所として子どもの最善の利益を守る責任を果たすことを前提に、その生活支援等においては、子ども家庭にとって身近な市区町村、その他の関係機関と連携して層の厚い支援を展開することが重要となる。

1 子どもの権利の考え方

　子どもの権利は、本来、人権と捉えるべきもので、義務や子どもの責任能力とは無関係に擁護されなければならない。

　子どもの権利擁護の歴史は、貧困、教育、過酷な労働、虐待等、子どもが直面する個別的問題への対応から始まった。例えば、英国でいうと救貧法や工場法、日本でいうと、恤救規則、児童虐待防止法、工場法等がこれにあたる。

　子どもの権利を総体的に捉える取り組みは、戦争との関係を抜きに考えることはできない。第一次世界大戦をふまえてのジュネーブ（児童権利）宣言（1924年）、第二次世界大戦をふまえての（ニューヨーク）児童権利宣言（1959年）は、その典型である。

　これらは、子どもを弱き者あるいは被害者として位置づけ、社会（大人）がこれを保護するという側面が強いが、子どもの権利を考える際には、このように受動的な存在としての立場だけでなく、自らの意思に従って、自分を表現し、自分らしく生きるという能動的存在としての立場を意識し、これを擁護していくという姿勢や取り組みが必要である。

2 児童福祉法にみる子ども家庭福祉の理念

　児童福祉法は、子ども家庭福祉の理念や施策を規定するもので、その理念は、第1条から第3条に示されている。

　第1条では、子どもには児童の権利に関する条約の精神にのっとり権利が存すること、第2条では、子どもの育成を考えるに際しては、子どもの意見を尊重すべきこと、また最善の利益を考慮すべきこと、育成の責任は保護者に第一義的責任があるが、国や地方公共団体にも責任が存すること、第3条では、これらの理念は、学校、医療、司法等、福祉以外の領域でも尊重すべきことを明記している。

　2016年の児童福祉法改正は、子ども家庭福祉の理念や社会的養護のあり方など、法制定後一度も改正されることのなかった総則の改正を含む大幅なものとなった。

図表 4-2-1　児童福祉法にみる子ども家庭福祉の理念（第1条〜第3条）

> **第1条**　全て児童は、児童の権利に関する条約の精神にのっとり、適切に養育されること、その生活を保障されること、愛され、保護されること、その心身の健やかな成長及び発達並びにその自立が図られることその他の福祉を等しく保障される権利を有する。
> **第2条**　全て国民は、児童が良好な環境において生まれ、かつ、社会のあらゆる分野において、児童の年齢及び発達の程度に応じて、その意見が尊重され、その最善の利益が優先して考慮され、心身ともに健やかに育成されるよう努めなければならない。
> 2　児童の保護者は、児童を心身ともに健やかに育成することについて第一義的責任を負う。
> 3　国及び地方公共団体は、児童の保護者とともに、児童を心身ともに健やかに育成する責任を負う。
> **第3条**　前2条に規定するところは、児童の福祉を保障するための原理であり、この原理は、すべて児童に関する法令の施行にあたって、常に尊重されなければならない。

❸ 児童の権利に関する条約

　国際連合は、児童権利宣言から20年の節目にあたる1979年を国際児童年とし、本格的に条約づくりの作業に入っていった。その成果が、1989年、児童の権利に関する条約（Convention on the Rights of the Child：以下、条約）として結実した。従来の権利宣言との最大の違いは、宣言には拘束力がないのに対して、条約には拘束力が伴うことにある。また、国内法との関係でいうと、憲法を除くほかの法律には優先するということである。

　条約は、前文、具体的な権利の内容を示す第1部（第1〜41条）、子どもの権利委員会に関して規定する第2部（第42〜45条）、事務的な手続きを規定する第3部（第46〜54条）からなる。ユニセフは、条約が規定する権利の特性を、生きる権利、守られる権利、育つ権利、参加する権利、の四つにあるとしている。網野武博は、受動的権利と能動的権利という説明をしている。

4 国際連合「児童の代替的養護に関する指針」

　国際連合「児童の代替的養護に関する指針」は、児童の権利に関する条約採択20年を期し、社会的養護施策等に関する関連規定の実施を強化することを目的として、2009年に国連総会で採択されたものである。条約をより具体化したものであり、日本を含め、締約国は、これを実現することが求められる。

　この指針では、①親子分離をできるだけ避けることができるような施策を講ずること。②分離した場合でも一時的・短期的であるべきで、親子再統合の取り組みを提供する必要があること。③分離の場合には家庭養護を基本とすること、とりわけ3歳未満児はそうあるべきこと。④施設については小規模化・少人数グループ化すべきことを示している。

　日本も、この指針を受け、児童福祉法改正（2016年）がされ、代替的養護のあり方について、国・地方公共団体（都道府県・市区町村）の責務として、家庭と同様の環境における養育の推進が明記された。

図表 4-4-1　国際連合「児童の代替的養護に関する指針」（抄）

- 児童を家族の養護から離脱させることは最終手段とみなされるべきであり、可能であれば一時的な措置であるべきであり、できる限り短期間であるべきである。
- 専門家の有力な意見によれば、幼い児童、特に3歳未満の児童の代替的養護は家庭を基本とした環境で提供されるべきである。
- 明確な目標及び目的を持つ全体的な脱施設化方針に照らした上で、代替策は発展すべきである。
- 施設養護を提供する施設は、児童の権利とニーズが考慮された小規模で、可能な限り家庭や少人数グループに近い環境にあるべきである。

5 子どもの権利侵害

　権利侵害は、日常生活のさまざまな場面で生じる可能性がある。また、権利侵害を考える際には、当然のことながら、受動的権利のみならず、能動的権利についても視野に入れる必要がある。

　児童の権利に関する条約との関係では、子どもの権利委員会による日本に関する総括所見（2010年）によると、「子どもの権利に関する包括的法律の採択を検討し、かつ、国内法を条約の原則および規定と完全に調和させるための措置をとるよう、強く勧告する」（第12パラグラフ）、さらに、差別的施策や現状を解消するため、「包括的な反差別法を制定し、かつ、どのような事由であれ子どもを差別するあらゆる立法を廃止すること」（第34パラグラフ(a)）、を求めている。児童福祉法改正（2016年）及び「新たな社会的養育ビジョン」（2017年）は、とりわけ前者と深い関係がある。

　さらに指摘の中には、①学校（いじめ、体罰、意見表明の機会）、②社会的養護施策（意見表明の機会、在宅子育て支援策の不足、施設偏重、大規模ケアの存在）、③障害児福祉施策（在宅支援策の不足、インクルージョン施策の不足）における権利保障の不十分さのほか、難民や外国籍の子ども、ひとり親家庭の課題等も含まれている。

6 社会的養護における運営・養育指針
（理念・原理）

　2011年に取りまとめられた「社会的養護の課題と将来像」により、社会的養護関係施設等の質の向上を図るため、施設種別ごとの「施設運営指針」、及び「里親等養育指針」の作成と、具体的な「ハンドブック（指針の解説書）」を作成することになった。

　また、2012年からは3年に1度以上の第三者評価の受審及びその結果の公表が義務づけられるとともに、毎年、第三者評価基準に従って自己評価を行わなければならないようになった。

　施設運営指針の内容では、第Ⅰ部の総論は、「施設の役割」、「対象児童」、「養育等のあ

り方の基本」、「将来像」等となっている。社会的養護の基本理念と原理は六つの指針の共通となっている。

社会的養護の基本理念
（1）子どもの最善の利益のために
（2）社会全体で子どもを育む

社会的養護の原理
①家庭的養護と個別化
②発達の保障と自立支援
③回復をめざした支援
④家族との連携・協働
⑤継続的支援と連携アプローチ
⑥ライフサイクルを見通した支援

第Ⅱ部の各論は、「養育・支援」、「家族への支援」、「自立支援計画、記録」等となっており、第三者評価基準の評価項目に対応する構成となっている。

引用・参考文献
◆ 日本弁護士連合会子どもの権利委員会編著『子どもの権利ガイドブック【第2版】』明石書店 2017年。
　外務省（児童の権利に関する条約）「作成および採択の経緯」
　　http://www.mofa.go.jp/mofaj/gaiko/jido/seka.html（2018年2月3日閲覧）
❷「児童福祉法」法律第164号 昭和22年、法律第71号 平成29年。
　厚生労働省「児童福祉法等の一部を改正する法律の概要」
　　http://www.mhlw.go.jp/file/06-Seisakujouhou-11900000-Koyoukintoujidoukateikyoku/03_3.pdf（2018年2月3日閲覧）
❸ 網野武博著『児童福祉学──「子ども主体」への学際的アプローチ』中央法規出版 2002年。
　子どもの権利条約（日本ユニセフ協会）
　　https://www.unicef.or.jp/about_unicef/about_rig.html（2018年2月3日閲覧）
　外務省「児童の権利関する条約」全文
　　http://www.mofa.go.jp/mofaj/gaiko/jido/zenbun.html（2018年2月3日閲覧）
　平野裕二の子どもの権利・国際情報サイト https://www26.atwiki.jp/childrights/（2018年2月3日閲覧）
❹ 子どもの村福岡編『国連子どもの代替養育に関するガイドライン── SOS子どもの村と福岡の取り組み』福村出版 2011年。
❺ 平野裕二の子どもの権利・国際情報サイト https://www26.atwiki.jp/childrights/（2018年2月3日

- ❻ 「社会的養護関係施設における第三者評価及び自己評価の実施について」雇児発第0329第2号、社援発第0329第6号 平成24年3月29日。
  厚生労働省「施設運営指針及び里親等養育指針について（概要）」
  http://www.mhlw.go.jp/bunya/kodomo/syakaiteki_yougo/dl/yougo_genjou_03.pdf（2018年3月6日閲覧）

さらに深く学ぶ人のために

- ❶ 子どもの権利条約総合研究所編『子どもの権利研究』日本評論社 創刊号 2002年。
- ❷ 中央法規出版編集部編『改正児童福祉法・児童虐待防止法のポイント（平成29年4月完全施行）新旧対照表・改正後条文』中央法規出版 2016年。
- ❸ 喜多明人・森田明美・広沢明・荒牧重人編『［逐条解説］子どもの権利条約』日本評論社 2009年。
- ❹ 「1）児童の代替的養護に関する指針」（厚生労働省雇用均等・児童家庭局家庭福祉課仮訳［2009年］）
  http://www.mhlw.go.jp/stf/shingi/2r98520000018h6g-att/2r98520000018hly.pdf（2018年2月3日閲覧）
- ❺ 日本弁護士連合会編『子どもの権利条約・日弁連レポート 問われる子どもの人権——日本の子どもたちがかかえるこれだけの問題』駒草出版 2011年。
- ❻ 「児童養護施設運営ハンドブック」厚生労働省雇用均等・児童家庭局家庭福祉課 平成26年3月。

V

子ども福祉における倫理的配慮 ［前］

科目のねらい ……………………………………………………………… 50
❶ 子ども家庭福祉における倫理的配慮 ……………………………… 51
❷ エビデンスの必要性と得るための倫理的配慮 …………………… 51
❸ 記録の取り方・管理 ………………………………………………… 52
❹ 個人情報の取り扱い ………………………………………………… 53

◆科目のねらい

　子どもは権利が侵害されやすい立場にあり、子どもの権利を理解し、敏感に対応する必要がある。同時に、子どもの保護などの権限を行使する場合、ソーシャルワーカーは子どもや親にとって権利を侵害しやすい立場にもあるとも言える。子どもの育ちや子育ては、子どもや親の人生そのものであり、ソーシャルワーカーのものではない。権利を行使するということは、力を持っているということであり、子どもや家庭に対して、必要以上の行使を行ってしまう可能性があるということも同時に踏まえておく必要があるだろう。

　ソーシャルワーカーは権利擁護の最後の砦と言える。時には危険を予測し、子どもや家庭に向き合うことも必要である。しかし、ソーシャルワーカーだけで問題解決できるわけではなく、当事者や関係機関等との連携は必要不可欠であり、そのためには適切な情報共有や根拠の把握が必要である。効果的な子どもの権利擁護を行うためにも、自らが介入者、支援者であると同時に、力を持った存在であることを認識し、またエビデンスに基づいた実践を行うことが求められる。

1 子ども家庭福祉における倫理的配慮

　国家公務員に関しては、「国家公務員倫理法」が示されている。また、同法第43条において地方公共団体や独立行政法人は、地方公務員の職務に関わる倫理の保持のために必要な措置を講じるよう努めることとなっており、条例等が定められている。

　ソーシャルワーカーの専門職団体である日本社会福祉士会では、社会福祉士の倫理綱領を価値と原則、倫理基準に分けている。価値と原則では、人間の尊厳、社会正義、貢献、誠実、専門的力量が挙げられる。また倫理基準は①利用者に対する倫理責任、②実践現場における倫理責任、③社会に対する責任、④専門職としての倫理責任の4領域に分類し、具体的な倫理基準を明記している。

　子どもは権利が侵害されやすい立場にあり、実践者には高い倫理性が求められる。従って、子どもの最善の利益、意見表明権、及び出自を知る権利等、国際連合「児童の権利に関する条約」等に示された各権利に対しての取り組みも倫理的配慮に相当すると考えられる。

　また、子どもを中心としつつも、親子やその子どもが生活する家庭や環境を支援する立場も忘れてはならない。

2 エビデンスの必要性と得るための倫理的配慮

　エビデンス（根拠）に基づき、意図的に実践を行ってこそ専門職といえる。ソーシャルワークにおいてエビデンスド・ベースド・プラクティス（根拠に基づいた実践）は重要なポイントである。援助指針（援助方針）を策定するにあたり、事実及び各種専門職員の関与による調査・診断・判定等に基づくエビデンスを得る必要がある。また、事例によっては伝聞や推測ではなく、エビデンスを得るために警察や家庭裁判所等の確実な出来事や事象を確認していく必要がある。

　一方で、「個人情報の保護に関する法律」等に記されている通り、あらかじめ本人の了

解を得ないで、事前に特定された利用目的の範囲を超えた個人情報の取り扱い（第16条）、及び第三者への個人データの提供はできず（第23条）、また適切な取得（第17条）も求められる。近隣や家族等に情報を照会する際など、状況に応じて子どもや保護者自身の協力や情報提供等も得ながら、情報収集等を行う必要がある。

❸ 記録の取り方・管理

　市区町村及び児童相談所は相談を受理した子どもごとに児童記録票を作成する。なお、児童相談所は児童記録票を綴る児童記録票綴を作成し、秘密保持の原則（児童福祉法第61条）に基づき、厳重な管理を要し、市区町村にも同様の管理・保管が求められる。児童記録票には子どもの氏名・生年月日・住所、保護者の氏名・職業・住所、学校等、家族状況、主訴、過去の相談歴等を記載する。なお、特定妊婦の場合には、受理した段階で妊婦名等により作成し、子どもの出生後に子ども名に変更し、一貫した指導・援助の経過を示す。児童記録票綴には、児童記録票に加え、誓約書や措置、一時保護に関する書類、医療機関に対する協力依頼書、家庭裁判所や警察から受けた書類、市区町村への送致書等、一連の援助経過において送受信のあった書類等がファイルされる。なお、情報通信技術（ICT）を導入し、ケースファイル等の電子化を行うなど事務の効率化を図ることも必要である。

　児童相談所運営指針によると、児童記録票は最低5年間保存することとされている。ただし、児童相談所では養子縁組が成立した事例や棄児・置き去り児の事例で、施設や里親等に措置をした場合（児童福祉法第27条第1項第3号）や家庭裁判所に送致した場合（第27条第1項第4号）などは子どもが満25歳になるまで、または児童相談所やそのほかの相談機関等で指導した場合（第26条第1項第2号、第27条第1項第2号）は措置解除後5年間の長期保存とする。市区町村においては、児童相談所に送致（第25条の7）した場合など、将来的に児童記録票の活用が予想される場合は長期保存とするなど、個々のケースや性質に応じた柔軟かつ弾力的に保存期間を設定する。

◆4 個人情報の取り扱い

「個人情報の保護に関する法律」では、あらかじめ本人の同意を得ないで、①事前に特定された利用目的の範囲を超えた個人情報の取り扱い（第16条）、及び②第三者への個人データの提供（第23条）を禁じている。

また、個人情報の利用目的や取得による制限については、①法令に基づく場合、②人の生命、身体、財産の保護が必要だが本人の同意を得ることが困難な場合、③公衆衛生の向上、または児童の健全な育成の推進のために特に必要があるが本人の同意を得ることが困難な場合、④国の機関、地方公共団体等が法令事務の遂行にあたって協力する必要がある場合、本人の同意を得ることにより事務の遂行に支障がある場合においては適応されない（第16条の3、17条の2）。

従って、①から④に当てはまる場合、関係機関からの情報提供、及び情報共有は制限されない。例えば、「児童虐待防止法」に基づく子ども虐待等の疑いのある子どもに関する通告や児童相談所間のケース移管における情報共有（児童虐待防止法第6条、児童福祉法第25条）や、「児童福祉法」に基づく要保護児童対策協議会における情報共有（児童福祉法第25条の3）など、法的な根拠に基づく場合は例外となる。

引用・参考文献
◆「児童相談所運営指針」児発第133号 平成2年3月5日、子発1025第1号 平成30年10月25日。
　「子ども虐待対応の手引き（平成25年8月改正版）」雇児総発0823第1号 平成25年8月23日。
　「児童虐待の防止等に関する法律」法律第82号 平成12年、法律第69号 平成29年。
　「児童福祉法」法律第164号 昭和22年、法律第71号 平成29年。
　「個人情報の保護に関する法律」法律第57号 平成15年、法律第51号 平成28年。
　「被虐待児童の転居及び一時帰宅等に伴う相談ケースの移管及び情報提供に関する申し合わせ」全国児童相談所長会、全児相第7号 平成19年7月12日。

VI

ソーシャルワークの基本 [前]

科目のねらい ………………………………………………………………… 56
❶ ソーシャルワークとは ………………………………………………… 57
❷ ソーシャルワークの歴史 ……………………………………………… 57
❸ ソーシャルワークの原理と倫理 ……………………………………… 58
❹ ソーシャルワークの方法 ……………………………………………… 59
❺ ソーシャルワークの方法論に基づいた子ども・家庭支援の
  あり方 …………………………………………………………………… 60
❻ 子ども・家族とその関係性のアセスメント ………………………… 61
❼ 相談面接技術の基礎 …………………………………………………… 61

◆科目のねらい

　子ども家庭ソーシャルワークの科目では、子どもの権利を守ることを最優先とするソーシャルワークを行うことができることを目的として、以下の知識・技術・態度を習得する。

①ソーシャルワークについて説明することができる。
②ソーシャルワークの方法について述べることができる。
③子どもの意見・意向を適切に聞き、合意形成をすることの意義について理解し、述べることができる。
④子ども及び保護者の意向確認の重要性について説明することができる。
⑤本人・家族・関係機関・近隣住民等からの情報に基づいて子ども及びその家族機能に関する適切なアセスメントを行うことができる。
⑥どの年齢であっても子どもの権利を尊重することができる。
⑦親・家族・関係機関を尊重し、適切なコミュニケーションを維持しようとする態度をもっている。
⑧子どもの置かれた状況を正しく理解し、子どもの安心・安全のためにすべきことは何かを常に念頭に置いている。
⑨援助方針を立てるときには、子どもの生命や最善の利益を何よりも重視し、判断を行っている。
⑩支援計画にエンパワメントの視点を必ず盛り込んでいる。

1 ソーシャルワークとは

2014年、国際ソーシャルワーカー連盟（IFSW）と国際ソーシャルワーク学校連盟（IASSW）の総会・合同会議にて、「ソーシャルワーク専門職のグローバル定義」が採択された。「ソーシャルワークは、社会変革と社会開発、社会的結束、および人々のエンパワメントと解放を促進する、実践に基づいた専門職であり学問である。社会正義、人権、集団的責任、および多様性尊重の諸原理は、ソーシャルワークの中核をなす。ソーシャルワークの理論、社会科学、人文学、および地域・民族固有の知を基盤として、ソーシャルワークは、生活課題に取り組みウェルビーイングを高めるよう、人々やさまざまな構造に働きかける。この定義は、各国および世界の各地域で展開してもよい」。

ソーシャルワークは、人々のウェルビーイング（よりよく生きる、自己実現）を高めるために生活課題に取り組む。ミクロレベルとして人々、メゾレベルとして地域、マクロレベルとして制度・施策のあらゆる環境に縦横に働きかける。その根底に、各人が持つ力への信頼と権利擁護があり、従って人々の力を引き出すエンパワメントとその解放を促進するものである。

2 ソーシャルワークの歴史

ソーシャルワークの源流は、19世紀末にイギリスの慈善組織協会（COS）が貧しい家を訪問した友愛訪問に始まる。1884年にはバーネット牧師夫妻がロンドンにトインビー・ホールを設立し、スラム街に生活して住民と共に問題解決を図ろうとするセツルメント活動を展開する。これらの活動がアメリカに渡った1920年代以降に理論化が進む。「ケースワークの母」と呼ばれるメアリー・リッチモンドは「ソーシャル・ケースワークは、人々とその社会環境との間に、個々別々に、意識的にもたらされる調整を通じて、人格の発達を図る諸過程から成り立っている」と定義した。

20世紀半ば頃までは問題を個人の要因と見る医療モデルが台頭するが、1980年代からは、エコロジカル視点に基づく生活モデルがジャーメインとギッターマンにより提唱され

た。ソーシャルワークの共通基盤を見出す動き、ソーシャルワークの統合化の動きからジェネラリスト・ソーシャルワークに転換し、これが今日の中核的な考え方となっている。エコシステムに基づき人と環境の相互作用に着目し、個別支援（ミクロ）、地域（メゾ）、制度や政策（マクロ）にいたるまでを循環して働きかけるものである。

1980年代に入ると、具体的な援助の効率性や迅速性の検討から「ケアマネージメント」、利用者のパワー（エンパワメント）や強さ（ストレングス）等をいかに引き出すのかということに焦点を置く「エンパワメント」「ストレングス」、2000年代に入ると、当事者の語りに焦点をあてた「ナラティヴ・アプローチ」が出現した。

今日、ソーシャルワークが専門職としての実践であり、学問であるために、援助の効果を検証し科学的な根拠に基づく実践を行うという「エビデンス・ベースド・プラクティス」が重視されている。

❸ ソーシャルワークの原理と倫理

ソーシャルワークの専門知識と技術の根底には、何を目指すのかという価値がある。対人援助を行う専門職にはいずれも倫理が強く求められ、守られるべき共通の原則あるいは利用者に向かう態度を体系化したものを倫理綱領と呼び、各専門職団体はこれを明示している。倫理綱領は、専門職の能力、役割、責任あるいは地位を明らかにし、行動基準を導くとともに、それに準拠しないものに対して規制、統制するという機能をはたす。以下は、社会福祉士の倫理綱領に示された価値である。

（1）人間の尊厳
ソーシャルワーカーは、すべての人間を、出自、人種、性別、年齢、身体的精神的状況、宗教的文化的背景、社会的地位、経済状況等の違いにかかわらず、かけがえのない存在として尊重する。

（2）社会正義
ソーシャルワーカーは、差別、貧困、抑圧、排除、暴力、環境破壊等のない、自由、平等、共生に基づく社会正義の実現をめざす。

（3）貢　献
ソーシャルワーカーは、人間の尊厳の尊重と社会正義の実現に貢献する。

（4）誠　実
ソーシャルワーカーは、本倫理綱領に対して常に誠実である。

（5）専門的力量
ソーシャルワーカーは、専門的力量を発揮し、その専門性を高める。

◆4　ソーシャルワークの方法

　従来、ソーシャルワークの方法は、①直接援助技術（ケースワーク、グループワーク）、②間接援助技術（コミュニティワーク、社会福祉調査法、社会福祉運営管理、社会福祉活動法、社会福祉計画法）、③関連援助技術（ネットワーク、ケアマネージメント、スーパービジョン、カウンセリング、コンサルテーション）等に専門分化し、用いられていた。しかし今日では、生活課題は多様な要素が絡んで派生することから、ひとつの方法のみによって解決を図れるものではなく、ソーシャルワーク固有の視点によって体系づけられ、多彩な方法を用いて対応する「ジェネラリスト・ソーシャルワーク」の視点が重視されている。
　ソーシャルワーク理論に基づくアプローチとしては、以下がある。

（1）ストレングスアプローチ
　当事者が持つ強み・能力・可能性に焦点をあててアセスメントを行い、強みを活用した環境への働きかけを行う。当事者が問題解決の主役であり、支援者は当事者の関心に沿って傾聴し、ストレングスへの気づきを得る。

（2）機能的アプローチ
　当事者の社会的機能を高めるアプローチであり、環境要因により問題が生じていると捉え、その要因を除去し、本来持っている力を発揮できるように支援する。当事者がニーズを明確化し、解決に向けて自己決定できるよう支援する。

（3）課題中心アプローチ

具体的な課題を取り上げ、解決方法を共に考え、当事者がそれを実施することで解決する。3か月程度の短期集中の取り組みである。

（4）行動変容アプローチ

オペラント条件付けの理論に基づくもので、問題行動の原因や過去に遡るのではなく、行動特性そのものに注目し、その変容を図る。

（5）危機介入アプローチ

危機的状況にある当事者に対して、その危機を回避するために早急にインテンシブな介入を行う。混乱した状況への共感的理解を示し、共に取り組む。2か月程度の集中的な対応であり、その後は異なるアプローチに移行する。

（6）ナラティヴ・アプローチ

当事者が自分について語る物語を対等の関係で聞き、当事者自身がポジティブな物語へと転換していくことを支援する。

5 ソーシャルワークの方法論に基づいた子ども・家庭支援のあり方

　子ども家庭福祉の目的は、児童福祉法第1条「すべての子どもが適切な養育を受け、健やかな成長・発達や自立等を保障され、その持てる力を最大限に発揮することができるよう子ども及びその家庭を支援すること」にあり、子どもの最善の利益を優先して考慮し、行われる。特に、虐待相談等では、子どもの立場から判断し、支援を行う。

　また、ストレングスの視点に立ち、子どもと保護者の「強み」を活かした支援を行う。子どもと保護者と協働して問題に対応することによって、自己肯定感と問題対応能力を高める。

　保護者は子どもの養育について第一義的責任を負うが、社会もまた保護者とともに、子どもを心身共に健やかに育成する責任を負っている（児童福祉法第2条第2項及び第3項）。日常生活維持のために必要な支援を適切に行い、同時にその保護者が子どもに対する養育

責任をはたすために必要な支援を常に考え、提供することが求められる。

　妊娠期からの切れ目のない一貫した支援、地域のさまざまな関係者がネットワークを構築し、子どもの権利を守り、家庭を支援していくことが必要である。

◆6　子ども・家族とその関係性のアセスメント

　家族関係・親子関係について、全体的なアセスメントを行う。その際に、子どもや家族の意向・希望・意見等に十分に耳を傾ける。子どもと家族が課題についてどのように考えているのか、どのような解決を目指しているかという思いを尊重する。

　また、サポートしてくれる親族等のインフォーマルな社会資源についても把握する。

　親子関係、夫婦関係、きょうだい関係についてのアセスメントは、子どもの育ちに影響を与える大きな要素であり、背景にある家庭環境、経済状況、保護者の心身の状態、子どもの特性など必要な情報を把握し、これらをふまえて関係性を判断する。

　さらに、保育所・幼稚園、学校等の子どもの所属や支援者・関係者とのこれまでの経緯や関係性についても、アセスメントを行うことが重要である。その関係性によって家庭の養育力のアセスメントも異なり、支援のためのネットワーク構築を考える際に、重要な情報となる。包括的に子どもと家庭の関係性をアセスメントする。

◆7　相談面接技術の基礎

　相談面接は、当事者と向き合い、語ることを傾聴し、問題の解決を共に考える場である。面接技術の基礎として、以下の「バイステックの7原則」が知られている。

①個別化：一人ひとりは異なることを理解し、それぞれの状況に応じて個別的な対応を行う。

②意図的な感情の表出：当事者の肯定的な感情も否定的な感情も自由に表現できるように働きかけ、その感情表現を大切に扱う。

③統制された情緒的関与：支援者は表出された感情を共感的に受け止める。一方で、その感情に巻き込まれないよう、自身の感情を自覚する。
④受容：利用者のあるがまま、状況を受け入れる。
⑤非審判的態度：当事者の言動や行動を、一般的な価値基準や支援者自身の価値基準か評価しない。
⑥自己決定：当事者に寄り添い、問題の解決について共に考えることを通して、自身で決定できるよう支援し、その自己決定を尊重する。
⑦秘密保持：支援者は知りえた当事者の秘密（プライバシー）を守らなければならない。

引用・参考文献

- ❼ F・P・バイステック著、尾崎新・福田俊子・原田和幸訳『ケースワークの原則［新訳・改訂版］──援助関係を形成する技法』誠信書房 2006年。
「市町村子ども家庭支援指針」（ガイドライン）雇児発0331第47号 平成29年3月31日、子発0720第7号 平成30年7月20日。

さらに深く学ぶ人のために

- ❷ M・E・リッチモンド著、小松源助訳『ソーシャル・ケース・ワークとは何か』中央法規出版 1991年。
H・M・バートレット著、小松源助訳『社会福祉実践の共通基盤』ミネルヴァ書房 2009年。
F・P・バイステック著、尾崎新・福田俊子・原田和幸訳『ケースワークの原則［新訳・改訂版］──援助関係を形成する技法』誠信書房 2006年。
- ❸ 「社会福祉士の倫理綱領」日本社会福祉士会 2005年。
岡村重夫著『社会福祉原論』全国社会福祉協議会 1997年。
北島英治著『ソーシャルワーク論（MINERVA福祉専門職セミナー19）』ミネルヴァ書房 2008年。
- ❹ 社会福祉士養成講座編集委員会編『相談援助の基盤と専門職［第3版］（新・社会福祉士養成講座6）』中央法規出版 2015年。
L・C・ジョンソン、S・J・ヤンカ著、山辺朗子・岩間伸之訳『ジェネラリスト・ソーシャルワーク』ミネルヴァ書房 2004年。
- ❼ ソーシャルワーカー連盟（IFSW）・国際ソーシャルワーク学校連盟（IASSW）、社団法人日本社会福祉教育学校連盟・社会福祉専門職団体協議会訳「ソーシャルワーク専門職のグローバル定義（日本語訳版）」2014年。
ゾフィア・T・ブトゥリム著、川田誉音訳『THE NATURE OF SOCIAL WORK ソーシャルワークとは何か──その本質と機能』川島書店 1986年。
野村豊子・田中尚・北島英治・福島広子著『ソーシャルワーク・入門』有斐閣アルマ 2000年。

VII 子ども虐待対応の基本 [前・後]

科目のねらい …………………………… 64

1. 子ども虐待の一般的知識（現状と課題を含む）…………………… 65
2. 子ども虐待対応の基本原則（基本事項）……………………… 66
3. 子ども虐待の発生予防 …………… 67
4. 子ども虐待における早期発見・早期対応 ……………… 68
5. 通告の受理、安全確認 …………… 68
6. 通告時の聞き取り方 ……………… 69
7. 通告時の危機アセスメント、初期マネージメント …………… 69
8. 調査 ………………………………… 72
9. 子ども虐待における保護・支援（在宅支援・分離保護・養育・家庭支援）………………………………… 73
10. 子ども虐待事例のケースマネージメント（アセスメント・プランニング）……………………………… 74
11. 子ども虐待の重大な被害を受けた事例（死亡事例を含む）の検証の理解 ……………………………… 74
12. 虐待・ネグレクトが子どもに与える心理・行動的影響 ……… 75
13. 子ども虐待事例の心理療法 …… 76
14. 虐待に関連する子どもの諸問題（不登校、非行等）……………… 76
15. 事実や所見等に基づく虐待鑑別・判断 ………………………… 77
16. 被害事実確認面接についての理解 ………………………………… 78
17. 警察・検察など関係機関との連携の必要性・あり方 ………… 79
18. 特別な支援が必要な事例（代理によるミュンヒハウゼン症候群（MSBP）、医療ネグレクト等）の理解 ……… 80
19. 乳児揺さぶられ症候群（SBS）、虐待による頭部外傷（AHT）への対応 ……………………………… 80
20. 性的虐待の理解と初期対応 …… 81
21. 性的虐待の調査、刑法改正 …… 82
22. 性的虐待被害児の理解と対応・治療 ………………………………… 83

◆科目のねらい

　児童相談所の業務は子ども虐待対応だけではなく、障害（発達）相談や育成相談、非行相談等、子どもの福祉に関するさまざまな相談への対応が求められる。これは子どもと家族にとって重要な課題であると同時に、市区町村に対して専門的な支援を行う義務のある児童相談所としては、その責務をはたす義務を負っている。

　しかし子ども虐待において児童相談所は、ほかの機関にはない権限が付与されている。それは、①立入調査（児童福祉法第29条）、②一時保護（同法第33条）、③親権者の同意に基づく施設入所（同法第27条）、④親権者の意に反する施設入所の承認請求（同法第28条）、⑤親権停止・親権喪失請求（民法第834条の2、児童福祉法第33条の7）等である。

　ここでは児童相談所が持つ子ども虐待対応の権限の概要を理解すると同時に、子どもの安全確保と家族支援を中心とした子ども虐待対応の基本を理解する。

Ⅰ 子ども虐待の一般的知識
（現状と課題を含む）

　日本においては1990年代に入ってから、子ども虐待は特定の家庭だけに起こることではなく、どこの家庭でも起こり得ることとして認識されはじめ、今や社会問題となっている。この背景には、都市化や核家族化による子育ての孤立化や家庭の養育機能の低下があると考えられている。

　厚生省（現・厚生労働省）は、1990年から児童相談所における子ども虐待の相談対応件数を集計している。平成2年度では1,101件であったが、平成28年度には122,575件となり、増加の一途をたどっている。これは、人々の子ども虐待への関心の高まりなどにより、気づき、相談する人々が増えていることの現れでもある。

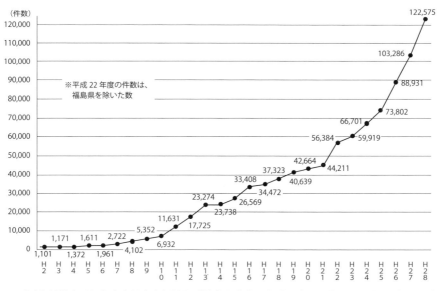

図表 7-1-1　児童相談所における子ども虐待相談件数

（厚生労働省子ども家庭局家庭福祉課「社会的養育の推進に向けて」p13, 平成29年12月）

　児童虐待の防止等に関する法律（以下、児童虐待防止法）において、「『児童虐待』とは、保護者（親権を行う者、未成年後見人その他の者で、児童を現に監護するものをいう）がその監護する児童（18歳に満たない者をいう）について行う次に掲げる行為をいう」（第2条）

と定義され、四つの種類（身体的虐待、性的虐待、ネグレクト、心理的虐待）が示されている。

❷ 子ども虐待対応の基本原則（基本事項）

『子ども虐待対応の手引き（平成25年8月改正版）』には原則が八つ挙げられている。

（1）迅速な対応
子ども虐待への対応は48時間以内の事実確認が必要であり、夜間や休日に発生することもあるため、緊急対応の体制を整備しなければならない。

（2）子どもの安全確保の優先
子ども虐待対応では、子どもの安全確保が最優先事項である。虐待を行った保護者を支援につなげることが基本であるが、一方で、子どもの安全を確保するためには、毅然として保護者に対することが求められる。

（3）家族の構造的問題としての把握
子ども虐待が生じる家族には多様な問題が存在し、それらが複合、連鎖的に作用して虐待にいたっている。支援を検討する際は家族を総合的・構造的に把握しなければならない。

（4）十分な情報収集と正確なアセスメント
虐待の状況や背景を理解するためには、情報の十分な収集が肝要である。そして収集した情報を基に、組織として正確なアセスメントを実施することが、的確な判断につながる。

（5）組織的な対応
子ども虐待対応では、担当者ひとりでケースワークを行うことを避けなければならない。緊急受理会議や援助方針決定なども組織的に進めていく。また、困難な保護者への対応などは、複数の職員で対応する。

（6）十分な説明と見通しを示す

市区町村や児童相談所は親子に対して、なぜ関わる必要があるのか、どういう支援ができるのかを丁寧に説明し、改善に向けての見通しを示すことが大切である。

（7）法的対応など的確な手法の選択

児童相談所は、他の機関では代替できない権限を有する機関であることを認識し、権限を行使する社会的使命を担っているという自覚を持つ必要がある。

（8）多機関の連携による支援

子ども虐待の予防や支援は、地域の関係者が協働して取り組むことが大切である。

❸ 子ども虐待の発生予防

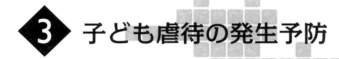

子ども虐待の発生予防は、子どもが生活する身近な地域で行われることが基本である。2004年の児童福祉法改正により、市区町村は子どもと家庭の相談に応じることが明確にされ、要保護児童対策地域協議会の設置や子育て支援事業の実施が法定化された。子育て支援事業は、虐待の未然防止につながるものであり、2015年からの子ども・子育て支援新制度では、利用者支援事業、地域子育て支援拠点事業、妊婦健康診査、乳児家庭全戸訪問事業、養育支援訪問事業、子育て短期支援事業、ファミリー・サポート・センター事業（子育て援助活動支援事業）、一時預かり事業等が実施されている。

2016年の児童福祉法改正では、さまざまな機関が個別に行っている支援について、妊娠期から子育て期にわたる切れ目ない支援を行うワンストップ拠点「子育て世代包括支援センター」の全国展開を目指すこととされた。母子保健法第22条に同センターの設置根拠（法上の名称は「母子健康包括支援センター」）を設け、市区町村に設置努力を課す。また、支援を要する妊婦や要支援家庭を把握した関係機関等が市区町村に対し情報提供することや、子育て家庭に対するアウトリーチ型の支援を実施していくことが示されている。

❹ 子ども虐待における早期発見・早期対応

　子ども虐待の早期発見を図るためには、広く相談・通告がなされることが不可欠である。児童虐待防止法では、「児童虐待を受けたと思われる児童」を発見した者は、速やかに、これを市区町村、福祉事務所もしくは児童相談所に通告しなければならない（第6条）。通告者に対し、通告者が虐待かどうかを判断する必要はないこと、通告者の秘密は守られることを伝え、通告者が安心して話ができるように配慮することが大切である。また、学校、児童福祉施設、その他子どもの福祉に業務上関係のある団体及び学校の教職員、児童福祉施設の職員、その他子どもの福祉に職務上関係のある者は、子ども虐待を発見しやすい立場にあることを自覚し、子ども虐待の早期発見に努めなければならない（第5条）。

　相談・通告等への対応に関しては、「市町村子ども家庭支援指針」（ガイドライン）及び「児童相談所運営指針」に基づき実施される。相談・通告の中には、子どもの生命に関わる問題が含まれていることから、迅速かつ的確な初期対応を行うことが重要である。子どもの安全確認の方法と時期、緊急性の判断、子どもの被虐待状況（症状・程度）の把握、初期調査（虐待通告の正確な内容把握と事実の確認、関係機関の確認）等を行う。

　市区町村では、児童相談所への送致の要否等についても検討することとなる。安全確認は、市区町村職員または当該市区町村が依頼した者により、子どもを直接目視することにより行うことを基本とし、対応にあたっては、あらかじめ児童相談所と初期対応のあり方等について協議しておくことが適当である。

❺ 通告の受理、安全確認

　子ども虐待が疑われる情報は、さまざまな機関や関係者から寄せられるが、明確に「通告」の形式をとっていなくても、その内容により通告として受理する必要がある。
　受理した後は直ちに緊急受理会議を開催して、収集すべき情報の内容や事実確認の方法を検討する。事実確認については、住基情報や健診受診情報、保育所情報等、関係機関が

把握している情報を収集するだけでなく、厚生労働省の通知にあるよう最大48時間ルール（p66（1）参照）に従い、直接子どもの状況を目視することが求められる。

このようにして集まった情報を総合して、虐待の有無や緊急保護の必要性等について組織的に検討する。ただ、情報収集に時間をかけすぎると危険度の判断が遅くなることに留意し、簡単な初期調査で受理内容を整理し、迅速に判断することが必要である。

6 通告時の聞き取り方

通告受理時の聞き取りは、関係機関からの場合は通告受理票等に従ってスピーディーに行える。

しかし近隣住民や親族等からの場合の聞き取りは、安心感が持てるように丁寧な説明や細かな配慮が必要となる。そのため、通告へのねぎらいと同時に、どのような心配があって通告しようと思ったかという点を中心に聞く必要がある。

また通告者の秘密については法律で守られていることを伝えて安心感を持たせることを心がける。その上で、匿名での通告も可能であるが、今後の支援のために可能であれば連絡先を聞き取ることにも努める。

関係機関からであれ家族や親族、近隣からであれ、心配される状況やその頻度等について詳しく聞き取ることが、危険度判断の重要な資料となるので、聞き取りの際には具体的な事実を十分に押さえておく必要がある。

7 通告時の危機アセスメント、初期マネージメント

虐待通告を受けて行われる緊急（初期）調査においては、子どもの安全が最優先で検討される。その場合における緊急保護の必要性の判断は、厚生労働省の通知である「子ども虐待対応の手引き」で示されている一時保護決定に向けたアセスメントシートと判断のフローチャートに従って決定される。

特に加害者と同居している状態での性被害等身体的な安全が担保されていない場合は職権による一時保護が検討される必要があるが、これはあくまで児童相談所における組織的な判断として行われる。

　緊急保護の必要性がない場合においても、共通リスクアセスメントシート等のアセスメントシートを使い、子どもや家族の情報を整理した上で、児童相談所が主担当になって対応するのか、要保護児童対策地域協議会として多機関による支援を行うのかの判断が求められる。またアセスメントシートを使用することで必要な情報の漏れをなくすと同時に、危険度の判断だけでなく子どもや家族の抱える課題が明らかになり、支援が必要な課題が明確になる。

図表 7-7-1　一時保護決定に向けてのアセスメントシート

① 当事者が保護を求めている？		☐ はい	☐ いいえ
☐ 子ども自身が保護・救済を求めている ☐ 保護者が、子どもの保護を求めている		＊情報	
② 当事者の訴える状況が差し迫っている？		☐ はい	☐ いいえ
☐ 確認にはいたらないものの性的虐待の疑いが濃厚であるなど ☐ このままでは「何をしでかすか分からない」「殺してしまいそう」などの訴えなど			
③ すでに虐待により重大な結果が生じている？		☐ はい	☐ いいえ
☐ 性的虐待（性交、性的行為の強要、妊娠、性感染症罹患） ☐ 外傷（外傷の種類と箇所：　　　　　　　　　　　　　　　　　） ☐ ネグレクト 　　例：栄養失調、衰弱、脱水症状、医療放棄、治療拒否、（　　　　　）			
④ 次に何か起これば、重大な結果が生じる可能性が高い？		☐ はい	☐ いいえ
☐ 乳幼児 ☐ 生命に危険な行為 　　例：頭部打撃、顔面攻撃、首締め、シェーキング、道具を使った体罰、逆さ吊り、戸外放置、溺れさせる、（　　　　　） ☐ 性的行為に至らない性的虐待、（　　　　　）			
⑤ 虐待が繰り返される可能性が高い？		☐ はい	☐ いいえ
☐ 新旧混在した傷、入院歴、（　　　　　） ☐ 過去の介入 　　例：複数の通告、過去の相談歴、一時保護歴、施設入所歴、「きょうだい」の虐待歴 　　（　　　　　） ☐ 保護者に虐待の認識・自覚なし ☐ 保護者の精神的不安定さ、判断力の衰弱			
⑥ 虐待の影響と思われる症状が子どもに表れている？		☐ はい	☐ いいえ
☐ 保護者への拒否感、恐れ、おびえ、不安、（　　　　　） ☐ 面接場面での様子 　　例：無表情、表情が暗い、鬱的体の緊張、過度のスキンシップを求める、（　　　　　） ☐ 虐待に起因する身体的症状 　　例：発育・発達の遅れ、腹痛、嘔吐、白髪化、脱毛、（　　　　　）			
⑦ 保護者に虐待につながるリスク要因がある？		☐ はい	☐ いいえ
☐ 子どもへの拒否的感情・態度 　　例：拒否、愛情欠如、差別など不当な扱い、望まない妊娠出産、<u>母子健康手帳未発行</u>、<u>乳幼児健診未受診</u>、（　　　　　） ☐ 精神状態の問題 　　例：鬱的、精神的に不安定、妊娠・出産のストレス、育児ノイローゼ、（　　　　　） ☐ 性格的問題 　　例：衝動的、攻撃的、未熟性、（　　　　　） ☐ アルコール・薬物等の問題 　　例：現在常用している、過去に経験がある、（　　　　　） ☐ 公的機関等からの援助に対し拒否的あるいは改善が見られない、改善するつもりがない ☐ 家族・同居者間での暴力（DV等）、不和 ☐ 日常的に子どもを守る人がいない			
⑧ 虐待の発生につながる可能性のある家族環境等		☐ はい	☐ いいえ
☐ 虐待によるのではない子どもの生育上の問題等 　　例：発達や発育の遅れ、未熟児、障害、慢性疾患、（　　　　　） ☐ 子どもの問題行動 　　例：攻撃的、盗み、家出、徘徊、虚言、性的逸脱、退行、自傷行為、盗み食い、異食、過食、（　　　　　） ☐ 保護者の生育歴 　　例：被虐待歴、愛されなかった思い、（　　　　　） ☐ 養育態度・知識の問題 　　例：意欲なし、知識不足、不適切、期待過剰、家事能力不足、（　　　　　） ☐ 家族状況 　　例：保護者等（祖父母、養父母等を含む）の死亡・失踪、離婚、妊娠・出産、ひとり親家庭等、（　　　　　）			

（「子ども虐待対応の手引き（平成25年8月改正版）」表5-1 雇児総発0823 第1号 平成25年8月23日）

図表 7-7-2　一時保護に向けてのフローチャート

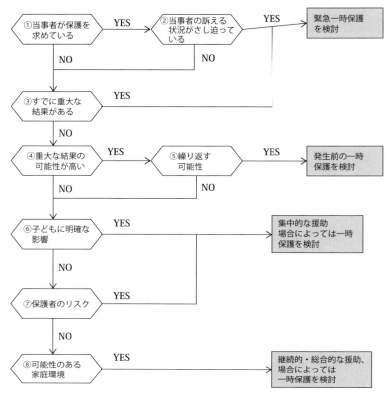

［解説］
A　①②③④のいずれかで「はい」がある時　→　緊急一時保護の必要性を検討
B　④に該当項目がありかつ⑤にも該当項目があるとき　→　次の虐待が発生しないうちに保護する必要性を検討
C　①〜⑤いずれにも該当項目がないが⑥⑦のいずれかで「はい」がある場合
　　→　表面化していなくても深刻な虐待が起きている可能性
　　→　あるいは虐待が深刻化する可能性
　　→　虐待リスクを低減するための集中的援助。その見通しによっては一時保護を検討
　A〜Cのいずれにも該当がなく、⑧のみに「はい」がある場合
　　→　家族への継続的・総合的援助が必要。場合によっては、社会的養護のための一時保護の必要性を検討する

（「子ども虐待対応の手引き（平成25年8月改正版）」図5-2 雇児総発0823第1号 平成25年8月23日）

8　調　査

　調査においては通告内容の確認とともに、子どもや家族に関する幅広い情報を集めることが必要である。そのため最初に行政情報や子どもの所属機関等から情報を得るが、伝聞情報等の情報の質を確認し、できるだけ具体的・客観的な情報の収集に努めなければなら

ない。ただ虐待の疑いが持たれたことは重大な個人情報であり、調査の結果、虐待とは判断されないこともある。そのため子どもの所属機関や民生委員等に調査する場合は、「○○くんについて、最近心配なことはありますか」など、聞き取りには十分な配慮が必要である。

また虐待が疑われる場合には直接子どもや家族に会う必要があるが、この最初の接触から支援が始まっているため、取り調べのような口調ではなく、非審判的な態度が必要である。特に保健師や相談員は在宅支援で中心的な役割を担うことから、家族に会う場合に、事実確認と支援者としてのいたわりの両方が同時に求められる。

なお子どもの安否が確認できない場合には、何度も家庭訪問して家族の理解を得るように努めるのが前提ではあるが、それでも無理な場合は児童相談所の権限である立入調査や臨検が必要になることも考慮する必要がある。

❾ 子ども虐待における保護・支援
（在宅支援・分離保護・養育・家庭支援）

子ども虐待への対応はすべて子どもと家族に対する支援と捉えることができる。

子ども虐待は、子ども自身の発達課題や養育者の経済状況や生育歴、親子関係、親族や近隣からの孤立等、多様な要因が複雑に絡み合って出現する。このように子どもや家族が抱える課題に対して、さまざまな子育て支援サービスの活用やネットワークでの支援を行い、虐待が起こらないための発生予防や起こってしまった虐待が再発しないような、予防的な取り組みが必要である。

しかし子どもの安全が確保されていない場合は分離保護が優先される。また養育者との関係が十分できず対立関係になれば、在宅支援での虐待状況の改善は困難になる。このように養育者と連携した支援が行えない場合であっても市区町村や児童相談所は、子どもの安全確保と子どもや家族が抱える課題の解決に向けて支援したいという意図と、そのための長期的な支援計画等について十分な説明が、子どもと家族に必要である。

子ども虐待事例のケースマネージメント
（アセスメント・プランニング）

　一般事例より家族の抱える課題が複雑で子どもの安全も確保されていないことが多い子ども虐待の支援においては、アセスメント→支援プランづくり（Plan）→ 支援の実施（Do）→ 状況の確認（Check）→ 改善（Action）という PDCA サイクルの繰り返しが必要となる。

　特に集まった情報から課題を抽出するアセスメントにおいては、教育や医療等を含めた総合的な子どもと家族の課題の整理が必要となる。またプランニングにおいては、多機関で長期目標を一致させた上で中〜短期の目標を定めて役割分担を行うと同時に、定期的な見直しの時期を決めておくことが重要である。

　このケースマネージメントは、児童相談所や市区町村等、単独組織だけで対応している場合も必要であるが，子ども虐待事例では要保護児童対策地域協議会等の多機関の連携による支援が行われることが多い。そのため、①主担当機関の明確化、②重要な情報の共有、③支援策の役割分担、④支援の効果測定、などで誤解や不明確になる可能性は高い。そのため進行管理会議等を活用して定期的にケースの見直しを行うなど、児童相談所でのケース対応や要保護児童対策地域協議会管理ケースが適正にマネージメント（管理）されることが必要である。

子ども虐待の重大な被害を受けた事例（死亡事例を含む）の検証の理解

　「児童虐待の防止等に関する法律の一部を改正する法律」（2004 年 4 月に改正、同年 10 月に施行）において、新たに第 4 条第 5 項が設けられ、国及び地方公共団体の責務として、「児童虐待の防止等のために必要な事項についての調査研究及び検証を行う」ことが明確にされ、委員会や部会を設置して児童虐待事例の検証が行われることになった。子どもの死亡という最悪の結果にいたる前にこれを防ぐ手立てがなかったのか、どのような対応を

とるべきであったのか、さらに今後どのような対策を強化・推進する必要があるのかなど、再発防止のために検証を行い、提言をまとめて報告している。特に国では、継続的・定期的に全国の児童虐待による死亡事例等を分析・検証し、全国の児童福祉関係者が認識すべき共通の課題とその対応を取りまとめ、制度やその運用についての改善を促している。

　しかし検証する事例が後をたたず、毎年報告されているのが現状である。行政が関与していない事例の検証がなされていない、周知が十分でないなどの課題もみられる。子ども一人ひとりの死を重く受け止め、子どもの死のメッセージを決して無駄にしないためにも、研修等での活用が望まれる。

12　虐待・ネグレクトが子どもに与える心理・行動的影響

　虐待やネグレクトが子どもの心理や行動に及ぼす影響は、たとえ同じ境遇を体験したとしても子どもによって一様ではない。幼児期においてはアタッチメント障害としての対人行動の問題を見せる子どももいれば、脱抑制をきたす子どももいる。学齢期には知的発達の遅れをきたしたり発達障害に酷似する表出をしたりする子どももいれば、状況を過剰に了解し、過剰に適応をしていく子どももいる。思春期にひたすら孤立していく子どももいる反面で、反社会的な行動を繰り返す子どもも現れるのである。彼らがしばしば呈する解離が精神の分断であるとすれば、統合されない感覚やセルフケアの不足は身体の分断である。さらに青年期以降には、人格障害にも似た不安定な対人関係をみせる子どももいれば、抑うつや（強迫性障害や摂食障害等の）神経症的な表出が始まる子どもも存在する。こうした現象を個々に了解し、対処するだけでなく、そうした現象の背後にあって苦しむ主体であり続ける子どもの存在から目をそらしてはならない。

　これらの心理・行動的な問題を不可逆なものとしないために必要なのは、子どもにとって常に希望を与え続けることができる関わり手の存在そのものなのである。

13 子ども虐待事例の心理療法

　虐待を受けた子どもたちの心の症状は、虐待を受けた年齢、虐待の様相や深刻さ、子どもの発達状況や、置かれている環境等により、極めて多彩であるので、そのような事例に対する心理療法も、それに見合うだけの多様性をそなえていなくてはならない。すなわち、子どもが置かれている心理状況のアセスメントが正確になされていることが基本であり、その上に治療的な関わりが融通無碍（ゆうずうむげ）に展開されることが基本であるとともに理想である。

　子どもの持つ困難が、心的外傷体験に根ざすと見なし得れば、トラウマ処理に焦点が当てられるべきであろうし、愛着形成過程が阻害されていることにあると考えられれば、愛着修復を念頭に置く必要がある。発達課題の未達成に由来すると考えられれば発達支援的な関わりに重点が置かれる必要があるし、自尊感情の低下が問題であれば、自己覚知や自立課題を扱う必要がある。現在、それらを扱う細分化した治療技法が存在していて、それらを網羅的に習得することは現実的ではない。

　いずれかの技法に習熟することは重要だが、さらに重要なことは、さまざまな技法が存在することを了解するとともに、それにとらわれずにあくまでも子どもの全人的なあり方を支えることを基盤にして関わり続けることなのである。

14 虐待に関連する子どもの諸問題
（不登校、非行等）

　児童相談所に寄せられる相談には不登校や非行、言葉の遅れ、多動、乱暴などさまざまな内容があるが、それらの行動の背景に子ども虐待の存在を想定することも忘れてはならない。子ども虐待は、養育者自身の生育歴や子どもの発達特性、家族の構造的な問題等複合的な要因を背景として生起してくる。そのため、子どもの生育歴、性格や欲求の状態、親子関係に加え、近隣、所属集団等との関係も調査・診断・判定の対象とするが、家族の歴史や家族間の関係、また経済的背景等も含めて総合的な見立てをすることも必要であ

る。特に子ども自身に課題があると思われる相談の背後に虐待の可能性がないか、すべての相談に対応する際に必ず考慮する。

　非行相談の場合は関係機関との十分な連携が求められる。情報交換を密にし、共通の認識に立った一体的な援助活動が行えるように努める。不登校相談の場合、まず、子どもが安全に生活しているかどうかの確認を行うとともに、保護者が子どもの態様に応じた適切な監護を行っているかを判断する。家庭内暴力や自殺企図、重度の摂食障害等、自身を傷つけまたは他人に害を及ぼすおそれがある場合は適切に介入する。学校や教育機関のほか、必要に応じて保健機関、医療機関、警察等とも連携して子どもを自傷や加害から守ることが必要である。また、背景に虐待やネグレクトがある場合は、虐待相談としての対応を行う。

15 事実や所見等に基づく虐待鑑別・判断

　子ども虐待対応で最初に求められるのは、通告された事実が虐待かどうか判断することである。そのためには、調査により収集された情報を総合的に検討しなければならない。特に伝聞情報や推測については、その根拠を明確にする必要がある。

　まず最初に子どもの安全性についての確認と緊急保護の必要性が判断される。特に性虐待や外傷があり養育者が加害を否定している場合には、被害状況と養育者の説明の整合性について法医学的な評価が必要であり、時にはセカンドオピニオンを得るなど医療との連携は欠かせない。そのため、産婦人科や外科等で虐待の有無を判断できる医療機関と日常的に連携しておくことが必要である。

　また危険度が高くなく、直ちに一時保護を必要としない場合でも在宅支援を行うためには、暴力や不潔等の表面的に観察できる家庭状況だけでなく、親子関係や夫婦関係等、家族機能を含めた総合的な判断が必要となる。

被害事実確認面接についての理解

（1）定　義

海外で開発された調査面接の手法。司法面接の面接法の訓練を受けた面接者が、被害を受けた子どもに対して、年齢や特性に配慮し、その供述結果を司法手続きで利用することを想定して実施する事実確認のための面接。

（2）行い方

原則1回限りの面接とする。子どもが何度も被害事実の聴取を受けることは、そのたびに被害を再体験し、さらなるトラウマを負う。また何度も聞くことで子どもの記憶が汚染されてしまう。このため、子どもに関わる各機関がバックスタッフとして別室で面接を観察し、電話等で面接者への助言を行い、一度で必要十分な内容を聞き取れるようにする。

（3）三機関連携

2015年10月厚生労働省、最高検察庁、警察庁から同時に「子どもの心理的負担等に配慮した面接の取り組みに向けた連携強化について」の通知が出された。三機関を代表した1名が聞き取りを行うこと、調査や捜査の段階で可能な限り同じ内容の話を繰り返し聴取しないことなどを求めた通知である。以後全国的に特に性的虐待において、虐待の疑いを察知した場合はほかの2機関に速やかに連絡を取り、面接の仕方、今後の調査、捜査の進め方等を事前に協議し、協同で面接を行う流れとなっている。

（4）三機関連携の留意点

三機関連携で協同面接を行う際には、子どもの傷つきを最小限にするため及び子どもからの開示を最大限に引き出すためにどの機関の職員が面接をするか、どう工夫すれば面接回数を最小限に抑えられるかなどを事前に三機関で十分に話し合う。事件化するためにやむをえず警察による事情聴取が複数回行われる際にも、できるだけ面接回数を少なくする努力や被害を受けた子どもが事実を話しやすいよう、できる限り威圧感のない環境を提供する方法（面接場所の設定、児童相談所職員のつきそい等）を三機関で十分に話し合う必要がある。

17 警察・検察など関係機関との連携の必要性・あり方

　児童虐待は深刻な児童福祉侵害事案であり、それは重大な人権侵害、場合によっては違法な犯罪事件という側面も併せ持つ。

　児童福祉機関関係者が刑事・司法機関、警察・検察官と連携するうえで忘れてならないことは、それぞれの組織が準拠する法律、使命・目指すところの違いである。

　児童福祉は、子どもを主人公とした安全の確保と、地域での家庭生活や親子・家族関係がより健全なものとなる児童家庭福祉の向上であり、そのための長期にわたる継続的な支援が柱となる。これに対して警察・検察は、特定の犯罪行為の発見と抑止、時を置かずに犯罪捜査に着手し、速やかに犯罪者を摘発し処罰すること、犯罪からの市民の安全を確保し、社会の治安を守ることである。共に子どもの安全の確保という点では共通する目標を持つが、児童福祉が子どもと家族を修復・支援の対象と考えるのに対して、警察・検察は不適切行為を行った者を摘発し、その行為が犯罪にあたるか、その行為事実が処罰に値するか、行為責任を問えるか、関係者を捜査・立件、時に訴追・起訴の対象とする。この違いは互いによく意識されておく必要がある。

　例えば児童福祉機関が警察・検察に何らかの特定事案に関わる相談・依頼をかける際には、具体的な対象者の人定情報は基本的に必須事項であることを知っておく必要がある。

　犯罪行為が立件・立証できない事案は刑事訴訟法では容疑者の利益が保証され、無罪とされる。いったん無罪と審判された事案が再び刑事捜査の対象となることは例外的なことである。ただし有罪と立証されなかったことだけで、真の無実が証明されたことにはならない。刑事訴訟法が疑わしきは無罪とすることと、児童福祉法が疑わしきは子どもの保護とすることは併行する法的判断として成立する。

　こうした違いと共通性について、顔の見える関係を保ち、時に誤解や摩擦を生じて対立しながらも、互いをよく知り、子どもの安全と福祉のための協同作業を進めていく経験を積み上げることが重要である。

特別な支援が必要な事例（代理によるミュンヒハウゼン症候群（MSBP）、医療ネグレクト等）の理解

　児童虐待には医療現場で発見される「代理によるミュンヒハウゼン症候群」、「医療ネグレクト」のような特殊型もある。
　「代理によるミュンヒハウゼン症候群」は加害者（主に母親）が、かいがいしく面倒をみることで自らの心の安定をはかるために、子どもに病気をつくり、医師がさまざまな検査や治療が必要であると誤診するような虚偽や症状を捏造するものである。
　「医療ネグレクト」は、医療を受けなければ子どもの生命・身体・精神に重大な影響が及ぶ可能性が高いにもかかわらず、保護者が治療に同意をしなかったり、治療を受けさせる義務を怠ったりすることである。手術や輸血に同意しないなど、健康に重大な被害を与える危惧があり、安全確保のため緊急の必要がある場合には、厚生労働省通知や親権停止制度（改正民法）を活用する。
　これらの特殊型は、「まさかこの親が虐待等するはずがない」との先入観を持ちがちであるため、親子の様子等から何か「おかしい」と、まず疑うことや鑑別診断として医師に確認することが大切である。

 ## 乳児揺さぶられ症候群（SBS）、虐待による頭部外傷（AHT）への対応

　SBSはほとんどが2歳以下、特に6か月以下の乳児にみられる身体的虐待である。子どもが激しく揺すぶられることにより、頭蓋内に出血や浮腫を起こすもので、意識障害やけいれんで医療機関に運び込まれ、頭部CT等で発見される。SBSは泣いている子どもをなだめようと、いろいろ努力しても泣き止まないときに、いらだって激しく揺さぶってしまうことで発症することが多いと予測されている。そのため、揺さぶることの危険性と、子どもが激しく泣いたときの対処の仕方を親にアドバイスしておくことで予防できるといわれている。

虐待による頭部外傷の特徴として、①１歳未満が多い、②病態は急性硬膜下血腫が多い、③来院時の主症状は、けいれん、意識障害、呼吸障害が多い、④眼底出血の合併が多い、⑤打撲、やけど等の体表の外傷の合併することもあるが、外傷所見がみられないこともある。家庭内で一般的な生活で起こる転落等での事故では、乳幼児に致命的な頭部外傷が起きるのは稀であり、虐待の存在を考えるべきである。致命率が高いため退院を防ぐための一時保護委託の検討も必要になるため、児童相談所の早急な対応と支援策の慎重な判断が求められる。

性的虐待の理解と初期対応

　性的虐待はもっとも発見されにくい虐待のひとつである。虐待の発生から、虐待が開示・発見されるまで数年を要することも多い。性的虐待は心的外傷後ストレス障害（PTSD）や解離性障害、抑うつ等深刻で長期的な影響をもたらすことも少なくない。
　学校や市区町村の職員等が性的虐待の疑いを発見したり、子どもから性的虐待の開示があったら、根掘り葉掘り聞かず、「誰に、何をされた」のみ簡潔に聞き取り、できるだけ早く児童相談所に通告する。
　性的虐待の開示があれば、児童相談所は子どもの安全確保のため一時保護することが多い。ただし、非加害親が虐待した親と別居するなどして子どもの安全を十分に守れると判断した場合はこの限りではない。
　性的虐待の被害後おおむね72時間以内の場合で、精液等の証拠が取れる可能性があれば、警察と連携し、証拠の取れる婦人科または下記の専門的研修を受けた医師を受診する。性器裂傷等の身体的外傷は72時間以内の受診であれば見つけられる可能性が高い。そのため72時間以内に、虐待全般について専門的研修を受けた小児科医または婦人科医への受診がもっとも望ましい。また、72時間以内であれば緊急避妊薬を服用すれば妊娠を防げる可能性が高い。本人及び非加害親に説明し、緊急避妊薬を服用するかどうかを決め、緊急避妊薬を処方できる婦人科を受診する。なお、挿入を受けた性的虐待の子どもでも性器・肛門は損傷していないことも多い。損傷がないからといって、性的虐待はなかったと判断してはならない。
　性的虐待を受けた子どものためには「虐待被害児診察技術研修」※を受けた専門的医師による系統的全身診察の診察法がもっとも望ましい。これは診察の際の子どもの苦痛を最

小限にする性的虐待の診察法である。なお診察の前の丁寧な説明、診察後の心理的フォローも大切になる。

※「虐待被害児診察技術研修」はチャイルドファーストジャパン及び子どもの虐待防止センターが主催して行っている。これらの主催者では、問い合わせに対して、その地域の受講修了者の承諾・同意の上で、虐待被害児診察技術研修を修了した医師を紹介している。

21 性的虐待の調査、刑法改正

　子どもへの聞き取り調査は、誘導しないで事実を聞き取る必要がある。性的虐待に関わる児童相談所職員、警察官、検察官は司法面接の面接手法を学び、協同して被害確認面接を行い事実の聴取・調査をする。これにより子どもの記憶や供述が汚染されることを防ぎ、トラウマも最小限度に留められる。被害確認面接後、事件化することが適当かを三機関で検討することになる。

　2017年6月刑法の性犯罪に関する罰則が改正され、同年7月から施行された。（準）強姦罪および（準）強制わいせつ罪が、非親告罪化され、起訴にあたり、被害児本人や非加害親による告訴が不要となった。強姦罪の定義と法定刑の下限も変更され、強制性交等罪となり、強姦罪では陰茎の膣への挿入につき懲役3年以上だったが、強制性交等罪では陰茎の膣・肛門・口腔内への挿入につき懲役5年以上となった。また、家庭内の性的虐待については監護者わいせつ罪、監護者性交等罪が新設され、13歳以上についても虐待者からの暴行・脅迫がなくとも強制性交等罪、強制わいせつ罪と同じ処罰ができることとなっている。事件化するべきと判断した場合は、そのことを被害児本人や非加害親に弁護士の協力を得るなどして十分説明する。説明しても子どもが事件化を望まない場合、事件化は困難である。ただし、これらの罪の時効期間は犯罪から10年である。子どもの処罰意思が将来変化する可能性もあるため、医学的な証拠、被害確認面接の録音・録画結果の保存が必要となる。

　なお、今回の刑法改正では、「被害の相談、捜査、公判のあらゆる過程において、被害者となり得る男性や性的マイノリティーに対して不当な取扱いをしないこと」も附帯決議として付せられた。

22 性的虐待被害児の理解と対応・治療

　性的虐待の開示には「開示のプロセス」があることを理解して対応する。子どもは初めから被害内容のすべてを話さず、開示のプロセスをふむことがある。

　開示のプロセスは、①否認：性虐待を受けていても、受けていないと否認する ⇨ ②ためらいがち：「友だちが性被害を受けている」とか、「ちょっと触られただけ」など少なめに開示したりする ⇨ ③積極的：自分の被害事実を積極的に話す ⇨ ④撤回：性虐待はなかったと開示内容を撤回する ⇨ ⑤再度肯定：やはり性虐待を受けていたと被害を再度肯定する。このプロセスをすべて通るとは限らないが、子どもが性的虐待を少なめに開示したり、虐待はなかったと撤回しても、「大した被害ではない」「虐待はなかった」などと安易に判断してはならない。

　性的虐待の子どもへの影響は多岐にわたり、深刻で長期化することが多い。性的虐待を受けた子どもにどんな影響があるのかを理解して子どもに関わる、トラウマインフォームドケアの考え方が大切になる。PTSD症状のある子どもにはTF-CBT（トラウマ焦点化認知行動療法）等の治療が有効である。

　子どもの安全を確保するとともに、非加害親を初期から継続的に支援し、子どもの味方になってもらうことで子どもの予後がよくなる。

　それぞれの児童相談所で、性的虐待ガイドラインを作成し、それをもとに対応することで、職員の異動があっても適切に対応できることが重要である。

引用・参考文献

◆ 「社会的養育の推進に向けて」p13、厚生労働省子ども家庭局家庭福祉課　平成29年12月。
　　木村容子・有村大士編著『子ども家庭福祉〔第２版〕（新・基礎からの社会福祉⑦）』ミネルヴァ書房　2018年。

❷ 「子ども虐待対応の手引き（平成25年8月 改正版）」雇児総発0823 第1号 平成25年8月23日。
　　「児童相談所運営指針」児発第133号 平成2年3月5日、子発1025 第1号 平成30年10月25日。
　　「市町村子ども家庭支援指針」（ガイドライン）雇児発0331 第47号 平成29年3月31日、子発0720 第7号 平成30年7月20日。

❸ 『子ども・子育て支援新制度なるほどBOOK（平成28年4月改訂版）』内閣府子ども・子育て本部　平成28年。
　　http://www8.cao.go.jp/shoushi/shinseido/event/publicity/naruhodo_book_2804.html

「子育て世代包括支援センター業務ガイドライン」厚生労働省 平成29年8月。
http://www.mhlw.go.jp/file/06-Seisakujouhou-11900000-Koyoukintoujidoukateikyoku/kosodatesedaigaidorain.pdf
木村容子・有村大士編著『子ども家庭福祉〔第2版〕(新・基礎からの社会福祉⑦)』ミネルヴァ書房 2018年。

❹「児童相談所運営指針」児発第133号 平成2年3月5日、子発1025第1号 平成30年10月25日。
「市町村子ども家庭支援指針」(ガイドライン) 雇児発0331第47号 平成29年3月31日、子発0720第7号 平成30年7月20日。
「子ども虐待対応の手引き(平成25年8月 改正版)」雇児総発0823第1号 平成25年8月23日。

❺「虐待通告のあった児童の安全確認の手引き」について」雇児総発0930第2号 平成22年9月30日。
「児童相談所運営指針」第3章第1節〜第3節、児発第133号 平成2年3月5日、子発1025第1号 平成30年10月25日。
「市町村子ども家庭支援指針」(ガイドライン) 第2章第3節2〜5、雇児発0331第47号 平成29年3月31日、子発0720第7号 平成30年7月20日。

❻「児童相談所運営指針」児発第133号 平成2年3月5日、子発1025第1号 平成30年10月25日。
「市町村子ども家庭支援指針」(ガイドライン) 第2章第3節2〜5、雇児発0331第47号 平成29年3月31日、子発0720第7号 平成30年7月20日。
「児童虐待の通告者及び通告内容等の情報管理について」雇児総発1119第1号 平成22年11月19日。

❼「子ども虐待対応の手引き(平成25年8月 改正版)」表5-1「一時保護決定に向けてのアセスメントシート」、図5-2「一時保護に向けてのフローチャート」雇児総発0823第1号 平成25年8月23日。
「児童相談所運営指針」第3章第2節〜第5節、児発第133号 平成2年3月5日、子発1025第1号 平成30年10月25日。
「市町村子ども家庭支援指針」(ガイドライン) 第2章第3節3、雇児発0331第47号 平成29年3月31日、子発0720第7号 平成30年7月20日。
「児童虐待に係る児童相談所と市町村の共通リスクアセスメントツールについて」雇児総発0331第10号 平成29年3月31日。

❽「児童相談所運営指針」第3章第3節、児発第133号 平成2年3月5日、子発1025第1号 平成30年10月25日。
「市町村子ども家庭支援指針」(ガイドライン) 第2章第3節5、雇児発0331第47号 平成29年3月31日、子発0720第7号 平成30年7月20日。

❾「児童相談所運営指針」第4章〜第5章、児発第133号 平成2年3月5日、子発1025第1号 平成30年10月25日。
「市町村子ども家庭支援指針」(ガイドライン)」第2章第3節8、雇児発0331第47号 平成29年3月31日、子発0720第7号 平成30年7月20日。

❿「児童相談所運営指針」第3章第4節〜第6節、児発第133号 平成2年3月5日、子発1025第1号 平成30年10月25日。
「市町村子ども家庭支援指針」(ガイドライン) 第2章第3節6〜8・10、第2章第3節5、雇児発0331第47号 平成29年3月31日、子発0720第7号 平成30年7月20日。

⓫「児童虐待の防止等に関する法律」法律第82号 平成12年、法律第69号 平成29年。

⓮日本子ども家庭総合研究所編「通告・相談の受理はどうするか」『子ども虐待対応の手引き――平成25年8月厚生労働省の改正通知』有斐閣 2014年。

❺ 「児童相談所運営指針」第3章第4節〜第6節、児発第133号 平成2年3月5日、子発1025第1号 平成30年10月25日。

「市町村子ども家庭支援指針」（ガイドライン）第2章第3節6、雇児発0331第47号 平成29年3月31日、子発0720第7号 平成30年7月20日。

⓱ 「児童虐待への対応における警察との連携の推進について」雇児総発0412第1号 平成24年4月12日。

「児童虐待への対応における取組の強化について（通達）」丁少発第55号、丁生企発第165号、丁地発第87号、丁刑企発第58号、丁捜一発第54号 平成24年4月12日。

「児童虐待への対応における検察との連携の推進について」雇児総発0626第1号 平成26年6月26日。

「児童相談所との連携の充実について」事務連絡 平成26年6月26日。

「子どもの心理的負担等に配慮した面接の取組に向けた警察・検察との更なる連携強化について」雇児総発1028第1号 平成27年10月28日。

「児童を被害者等とする事案への対応における検察及び児童相談所との更なる連携強化について」丁刑企発第69号、丁生企発第642号、丁少発第254号、丁捜一発第121号 平成27年10月28日。

「警察及び児童相談所との更なる連携強化について（通知）」最高検刑第103号 平成27年10月28日。

⓲ 日本小児科学会ホームページ「子ども虐待診療手引き」

http://www.jpeds.or.jp/modules/guidelines/index.php?content_id=25 (2018年2月25日閲覧)

「医療ネグレクトにより児童の生命・身体に重大な影響がある場合の対応について」雇児総発0309第2号 平成24年3月9日。

「民法等の一部改正に関する法律」法律第61号 平成23年。

「児童虐待の防止等に関する法律」法律第82号 平成12年、法律第69号 平成29年。

東京都福祉保健局少子社会対策部子ども医療課・社会福祉法人子どもの虐待防止センター編「かかりつけ医・歯科医のための児童虐待対応ハンドブック」平成19年度。

⓳ 日本小児科学会ホームページ「子ども虐待診療手引き」。

http://www.jpeds.or.jp/modules/guidelines/index.php?content_id=25（2018年2月25日閲覧）

東京都福祉保健局少子社会対策部子ども医療課・社会福祉法人子どもの虐待防止センター編「かかりつけ医・歯科医のための児童虐待対応ハンドブック」平成19年度。

坂井聖二・奥山眞紀子・井上登生編著『子ども虐待の臨床——医学的診断と対応』南山堂 2005年。

キャロル・ジェニー編、一般社団法人 日本子ども虐待医学会——溝口史剛ほか監訳『子ども虐待とネグレクト——診断・治療とそのエビデンス』金剛出版 2017年。

㉑ 「刑法の一部を改正する法律案に対する附帯決議 四」参議院法務委員会 平成29年6月16日。

さらに深く学ぶ人のために

❶ 坂井聖二・奥山眞紀子・井上登生編著『子ども虐待の臨床——医学的診断と対応』南山堂 2005年。

「子ども虐待による死亡事例等の検証結果等について（第13次報告）」社会保障審議会児童部会児童虐待等要保護事例の検証に関する専門委員会 平成29年8月。

❷ 滝川一廣著『子どものための精神医学』医学書院 2017年。

❸ 滝川一廣著『子どものための精神医学』医学書院 2017年。

❹ 「児童相談所運営指針」児発第133号 平成2年3月5日、子発1025第1号 平成30年10月25日。

❺ 「児童虐待への対応における警察との連携の推進について」雇児総発0412第1号 平成24年4月12

日。
　「子どもの心理的負担等に配慮した面接の取組に向けた警察・検察との更なる連携強化について」雇児総発1028第1号　平成27年10月28日。
　「児童を被害者等とする事案への対応における検察及び児童相談所との更なる連携強化について」丁刑企発第69号、丁生企発第642号、丁少発第254号、丁捜一発第121号　平成27年10月28日。
　「警察及び児童相談所との更なる連携強化について（通知）」最高検刑第103号　平成27年10月28日。
⑰　大阪弁護士会人権擁護委員会性暴力検討プロジェクトチーム編『性暴力と刑事司法』信山社　2014。
⑱　坂井聖二・奥山眞紀子・井上登生編著『子ども虐待の臨床――医学的診断と対応』南山堂　2005年。
⑲　クリストファー・J・ホッブス、ジェーン・M・ウィニー著、溝口史剛訳『子ども虐待の身体所見』明石書店　2013年。
⑳　田﨑みどり他「児童相談所における性的虐待対応の現状と医療との連携」『児童青年精神医学とその近接領域　第58巻第5号』日本児童青年精神医学会　2017年。
　マーティン・A・フィンケル他編『プラクティカルガイド――子どもの性虐待に関する医学的評価』診断と治療社　2013年。
㉑　ぎょうせい編「特集・性犯罪対策の歩みと展望」『法律のひろば2017年11月号』ぎょうせい　2017年。
㉒　T. Sorensen, B. Snow (1991) How children tell: The process of disclosure in child sexual abuse., *CHILD WELFARE*/Volume LXX, Number 1/January-February 1991：Child Welfare League of America.

VIII

非行対応の基本 ［前・後］

科目のねらい ……………………………………………………………… 88
❶ 非行等の行動の問題への対応の基本 ………………………………… 89
❷ 非行ケースへの介入のあり方 ………………………………………… 90
❸ 非行相談事例のケースマネージメント（アセスメントと
　 自立支援計画） ………………………………………………………… 91
❹ 特別な支援が必要な事例（性暴力、物質依存、放火等）の理解 … 92
❺ 少年法との関係性 ……………………………………………………… 93
❻ 警察・司法等との連携のあり方 ……………………………………… 94
❼ 重大事案に関する一時保護のあり方 ………………………………… 95

◆科目のねらい

　近年、虐待相談の増加に伴い非行相談が大きく減少しているが、背景には非行行動が初発する前段階として幼児期、小学校の低・中学年時に虐待ケースとして発見されるケースが増加しており、地域や学校、警察署等からの通告につながっている。

　一方で、発達障害や家庭環境等の家族間の不調が表出化されずに思春期に非行行動として噴出するケースが徐々に増えてきたが、虐待ケース同様幼児期からの愛着の問題を抱えていることから、児童の表出行動に限定せず家族問題として対応していくことが重要である。

　本科目では、児童の非行行動の特性やメカニズム、背景にある被虐待体験や発達障害の問題を理解するとともに、警察署との関係や家庭裁判所との法的手続きの流れを確認する。特に警察署からの児童相談所送致ケースや一時保護所や児童自立支援施設での行動の自由を制限する場合の手続きについて理解しておくことが重要である。

　上記の内容を押さえて、児童の権利擁護を中心に据えたアセスメント及び家族支援について、児童相談所の非行対応の基本を理解していく。

非行等の行動の問題への対応の基本

　触法行動やぐ犯として怠学、家出、徘徊、不良交遊、不適応行動等から社会的逸脱行動を繰り返す児童について、保護者や学校等からの相談や警察署からの通告を受けて、取り扱いを開始する。相談の特徴として、保護者の相談ニーズが低く、子ども自身の困り感に意識が向いていない傾向が見られる。子どもの表出行動として、小学校高学年頃から始まる思春期前期から行動が顕在化し、中学生2年生頃には行動がエスカレートしていく。

　背景として幼児期からの保護者との愛着の問題を抱えていたり、ネグレクト等虐待環境下に長年置かれる中で、適切な人間関係や社会生活習慣が習得されておらず、成長とともに社会生活の中での求められる適切な行動がとれず、自身の葛藤の安定欲求を安易に家族外に求めるパターンが蓄積されていき、依存の対象として同様の児童を受け入れる集団に馴染んでいく。また、葛藤の処理として触法行為が常習化されていく場合も多い。

　近年、発達障害の問題がクローズアップされてきたが、発達障害の児童は虐待を受けやすく身体的虐待がトラウマとなり、衝動性のコントロールができず突然の暴力行為が出現しやすい児童も増えている。

　支援にあたっては、虐待対応と同様児童の視点に立ち、生育歴や保護者の養育状況、行動表出のパターンを保護者や学校教職員等から聴取することや児童自身との面接、心理判定、必要に応じて医学判定を実施する。行動がエスカレートする場合は一時保護を通じて行動観察を行い、保護者と児童間の家族の機能不全構造を明らかにした上で、児童の感情処理や行動パターンの改善について親子一緒に取り組む支援を行う中で、安定した親子関係の構築を目指す。

　支援の視点として親子の共同場面や体験を通じてノンバーバル（非言語的）なコミュニケーションも含めて親子の心地よい感覚を体感していく。そのためには、親子での通所による来所面接や施設入所において親子交流プログラムの提供等を効果的に実施していく。併せて、学校を中心に親子を支える環境を整えるため、ネットワークによる情報共有や連携体制を確保していく。また、市区町村の要保護児童対策地域協議会や非行防止ネットワークの活用を意識することも忘れてはならない。

❷ 非行ケースへの介入のあり方

　非行ケースへ介入するにあたって支援者に求められる重要な姿勢や態度は、支援への強い意欲はもちろん、どのような事態に対しても動じない安定感を維持し、諦めない・見捨てないという意思と児童の可能性への信頼感を持っていることである。なぜならば一般的には支援を受けるその人自身の意欲が支援効果に結びつくが、不信感が強く回復意欲のない児童等の場合、支援者の意欲・関心こそが支援の推進力となるからである。
　児童への介入において重要なことは、回復への動機づけを図ることである。そして児童の自主性を尊重し、サイドから寄り添うような創意工夫した支援を展開することが必要である。
　同時に、児童本人が回復への動機づけを強く持っていない場合が多いだけに、周囲からの協力を得ることが必要不可欠である。したがって、その児童への支援に保護者、家族、学校教職員、要保護児童対策地域協議会のメンバーの積極的な参加を促し、関係者・関係機関が協力・協働関係を構築し、支援目標の達成に向けて全体の力を結集して、それぞれに与えられた課題をチームとして包括的継続的に取り組むことが重要である。
　児童福祉司には、そのケースに応じた個人、家族、仲間、学校、近隣等におけるリスク要因（図表8-2-1を参照）の解消に向けて、結集した包括的な取り組みが実現できるよう、責任を持って関係構築を図ることが求められている。

図表 8-2-1　子どもの反社会的行動の相関

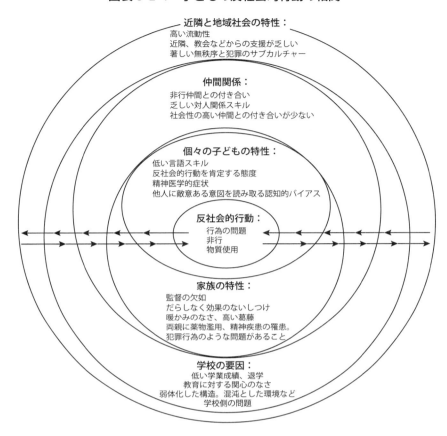

(ヘンゲラー, S. W. 他著、吉川和男監訳『児童・青年の反社会的行動に対するマルチシステミックセラピー（MST）』星和書店 2008 年)

❸ 非行相談事例のケースマネージメント
（アセスメントと自立支援計画）

（1）アセスメント

　非行事例に効果的に対応するには、症状としての非行の原因となる要因やそれを防止する要因について、「子ども自身に関する側面」「家庭環境に関する側面」「地域社会環境に関する側面」などから総合的にアセスメントし、分析していくことが必要である。

　特に、最近の研究から、非行を予測させる再犯リスク（①行動履歴、②反社会的人格パタ

ーン、③反社会的認知、④反社会的交友関係、⑤家族・婚姻関係の問題状況、⑥雇用・学校の問題状況、⑦余暇の過ごし方、⑧物質乱用）が実証データとして示された（Andrews & Bonta 1988）。

そして、これらの中でも可変性のある安定的リスク因子（反社会的認知、セルフコントロールの弱さなど）に焦点をあて子どもの特性（性別、障がい等）に配慮した介入を実施すること（リスク・ニーズ・反応性の原則）（Andrews & Bonta 2010）が有効であることが明らかになった。

（2）自立支援計画

自立支援計画は、その子どもの症状としての非行からの回復が図られ、その子どもらしく健全に生活するための課題を意識した総合的な計画を策定することが重要であり、次のような点について留意すべきである。

①多くの場合、単一の要因によって非行が発生するものではなく、多数の要因が複雑に絡み合って生起するので、好転する可変性のある安定的リスク等をターゲットにした優先的重点的目標を設定すること

②不適応行動パターンの発達的な道すじ・過程を理解し、適応行動パターンを獲得するための道すじ・過程を重視した計画づくり（育ち・育てなおしの過程等）

③個々の子どものストーリーの連続性（これまでの関係性等）を重視した計画づくり

④多様な要因に対して包括的・構造的に並行して対応することが重要であり、子ども・家庭・地域社会（仲間、学校、近隣等）といった三つの領域について計画を立てること

⑤個々の子どもの状態や活用できる資源に応じた計画づくり

4 特別な支援が必要な事例（性暴力、物質依存、放火等）の理解

性非行、物質依存、放火等依存との関連が深い非行については特別な支援が必要であるといわれている。これらの非行を起こした児童は、施設内では規則を守り、一見適応的な生活を送るが、退所後にまもなくして同様の非行を繰り返す場合が少なくない。その背景には非行行動への依存度の高さ、自己コントロールの脆弱さ、非行行動への誘発刺激に導

かれやすいこと、非行仲間からの誘いなどがある。これらの非行に対しては、脆弱な心的発達の回復と自尊心の回復を目指した日々の生活支援が必要となる。特に児童のストレングスや健全さに着目し、肯定的な応答を示しつつ児童自身が目標としている望ましい生活へと主体的に近づいていけるよう支援することが重要である。健全な方法で欲求を充足でき、他者から認められることで、自信が持てるように支援することである。

また、誘発刺激等の回避や行動の制御を目的とした認知行動療法を用いた再発防止プログラムも有効となる。しかし内省力の弱い子どもや解離症状が頻繁に起きる子どもの場合は、こうしたプログラムでは効果を上げにくい。子どもの個別性に配慮して、その事例に適した形でプログラムをアレンジして実施することが必要となる。

❺ 少年法との関係性

　14歳未満の刑罰法令に触れる行為をした児童については、少年法の対象にならないことから、触法少年として児童相談所が扱うことになっている。警察署からは、触法少年・ぐ犯少年として通告（書面・身柄付）を受けて取り扱いを開始する。

　通告を受け、必要な調査、一時保護による行動観察等を行い、児童福祉法による訓戒誓約、児童福祉司指導、児童自立支援施設入所等の措置を取るが、専門的観点から判断して家庭裁判所の審判に付すことが適当と認められる場合は、児童福祉法第27条第1項4号により家庭裁判所に送致する。児童自立支援施設における行動の自由を制限する強制的措置を求める場合には、必要な日数について第27条の3による家庭裁判所への送致を併せて行う必要がある。

　また、係属中の14歳以上の児童について、少年法に基づく処遇が望ましい場合についても、児童福祉法第27条第1項4号により家庭裁判所に送致する。

　重大事案として警察署から送致を受けた児童については、原則、家庭裁判所に送致することになっており、おおむね12歳以上の児童にあっても少年院処遇が可能である。一方で、少年法で係属中の14歳以上の児童であっても、児童自立支援施設入所や児童養護施設入所、児童福祉司指導として在宅指導が望ましい場合は、家庭裁判所の審判に基づき児童相談所が、児童福祉法による措置を行う。

　児童福祉法と少年法との関係は、次の図表8-5-1の通りである。

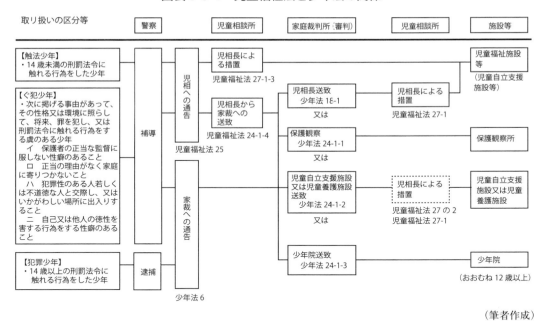

図表 8-5-1　児童福祉法と少年法の関係

6 警察・司法等との連携のあり方

（1）警察との連携

　警察署では、犯罪の予防、少年補導、非行防止活動等を行っている。①触法少年及びぐ犯少年の通告（児童福祉法第25条）、触法少年の送致（同法第26条）、②警察署への一時保護委託（同法第33条）、③少年補導、非行防止活動等で、児童相談所と密接な連携関係にあり、円滑化を図るための定例的な連絡会議などを実施している。また、近年、警察本部と協定書を締結したり、現役警察官や警察官OBを配置する児童相談所も増えてきている。

1. 児童相談所へ通告される事例

　児童相談所では、警察署からの通告に基づき児童及び保護者を呼び出し、必要な調査を行い、児童福祉法による措置等の援助を実施するが、呼び出し時には児童本人にまず通告内容の確認をすることが不可欠である。身柄の確保を伴う通告の場合については、受け入れ準備等もあるためあらかじめ十分協議することが必要である。

また、実施した措置等の援助結果を警察署に通知する。

2．児童相談所へ送致される事例

　警察署は、触法少年に関わる一定の重大事案を児童相談所に送致することになっている。送致を受けた児童相談所は原則、事件を家庭裁判所に送致しなければならないが、調査の結果、その児童の年齢や発達の状態などを考慮し、必ずしも送致する必要はなく、個々の子どもの最善の利益を考慮した適切な判断と対応が求められている。

（2）司法との連携

　非行対応における家庭裁判所との関係は、少年法による保護処分や児童福祉法による措置を通じて相互に送致関係にあるほか、家庭裁判所からの調査に対し、児童福祉の観点から協力を求められている。
　このため、相互の意図が活かされ、円滑な送致等が実施されるよう事前相談や定期的な連絡会を実施し、具体的な実務上の協力、連携のあり方等について意見交換を行い、常に十分な連携を図れる関係を構築することが求められている。

❼ 重大事案に関する一時保護のあり方

　重大事件を起こした触法少年の一時保護は、児童に今後の生活や予定等についてわかりやすく説明するとともに身体の安全や情緒面の安定を図りつつ、その状態に十分に配慮しながら、一時保護期間中に必要な調査（社会調査、心理判定、医学判定）や行動観察を迅速（おおむね1週間）に行って支援方針を決定し、家庭裁判所への送致に反映させる必要がある。
　また一時保護中の他の児童への影響や、その児童のプライバシー保護等に十分に留意して実施するため、個別対応を優先するなどの配慮が必要となる。そのために行動自由の制限について援助方針会議で検討を行い児童相談所長が決定する。また、社会的な関心の高さから、マスコミへの対応も必要になる。
　さらに、警察官が当該児童に調査を実施する可能性もある（少年法第6条の2第1項、2項、3項）ことから、児童に与える影響を鑑み、調査に職員を立ち会わせるなどして、過度な負担にならないような配慮が求められている。

一方、当該児童やその保護者には、弁護士である付添人を選任することができる（少年法第6条の3）ため、児童相談所は付添人について、弁護士会の案内文等を使い保護者及び児童に丁寧に説明するなど十分な配慮も必要である。

　基本的な対応にあたっては、県等の主管部局や警察署、家庭裁判所等の関係機関との協力・連携のもとで適切な配慮を怠らないことが求められる。

引用・参考文献

- ❷ S. W. Henggeler, S. K. Schoenwald, C. M. Borduin, M. D. Rowland, P. B. Cunningham (1998) *Multisystemic Treatment of Antisocial Behavior in Children and Adolescents.* Guilford, New York. （ヘンゲラー，S. W. 他著、吉川和男監訳『児童・青年の反社会的行動に対するマルチシステミックセラピー（MST）』星和書店 11頁 2008年）
- ❸ 社会的養護第三者評価等推進研究会監修、児童自立支援施設運営ハンドブック編集委員会編『児童自立支援施設運営ハンドブック』p.120 厚生労働省雇用均等・児童家庭局家庭福祉課 平成26年3月。
- ❺ Shadd. Maruna (2001) *Making Good: How ex-convicts reform and rebuild their lives.* Washington. DC: American Psychological Association. （シャッド・マルナ著、津富宏・河野荘子監訳『犯罪からの離脱と「人生のやり直し」――元犯罪者のナラティヴから学ぶ』明石書店 2013年）
- S. W. Henggeler, S. K. Schoenwald, C. M. Borduin, M. D. Rowland, P. B. Cunningham (1998) Multisystemic *Treatment of Antisocial Behavior in Children and Adolescents.* Guilford, New York. （ヘンゲラー，S. W. 他著、吉川和男監訳『児童・青年の反社会的行動に対するマルチシステミックセラピー（MST）』星和書店 11頁 2008年）
- 村瀬嘉代子著『心理療法と生活事象――クライエントを支えるということ』金剛出版 2008年。
- 藤岡淳子編『犯罪・非行の心理学』有斐閣 2007年。
- 田中康雄編『児童生活臨床と社会的養護――児童自立支援施設で生活するということ』金剛出版 2012年。
- 相澤仁編集代表、野田正人編『施設における子どもの非行臨床――児童自立支援概論（やさしくわかる社会的養護シリーズ7）』明石書店 2014年。
- 相澤仁編集代表、川崎二三彦編『児童相談所・関係機関や地域との連携・協働（やさしくわかる社会的養護シリーズ6）』明石書店 2013年．

さらに深く学ぶ人のために

- ◆ 「児童相談所運営指針」児発第133号 平成2年3月5日、子発1025第1号 平成30年10月25日。
- ❷ Shadd. Maruna (2001) *Making Good: How ex-convicts reform and rebuild their lives.* Washington. DC:American Psychological Association. （シャッド・マルナ著，津富宏・河野荘子監訳『犯罪からの離脱と「人生のやり直し」――元犯罪者のナラティヴから学ぶ』明石書店 2013年）
- S. W. Henggeler, S. K. Schoenwald, C. M. Borduin, M. D. Rowland, P. B. Cunningham (1998) *Multisystemic Treatment of Antisocial Behavior in Children and Adolescents.* Guilford, New York. （ヘンゲラー，S. W. 他著、吉川和男監訳『児童・青年の反社会的行動に対するマルチシステミックセラピー（MST）』星和書店 11頁 2008年）

村瀬嘉代子著『心理療法と生活事象——クライエントを支えるということ』金剛出版 2008 年。

藤岡淳子編『犯罪・非行の心理学』有斐閣 2007 年。

田中康雄編『児童生活臨床と社会的養護——児童自立支援施設で生活するということ』金剛出版 2012 年。

相澤仁編集代表，野田正人編『施設における子どもの非行臨床——児童自立支援概論（やさしくわかる社会的養護シリーズ 7）』明石書店 2014 年。

橋本和明著『虐待と非行臨床』創元社 2004 年。

生島浩・村松励編『非行臨床の実践』金剛出版 1998 年。

石川義博著『非行の臨床』金剛出版 1991 年。

❸ Shadd. Maruna (2001) *Making Good: How ex-convicts reform and rebuild their lives*. Washington. DC: American Psychological Association.（シャッド・マルナ著，津富宏・河野荘子監訳『犯罪からの離脱と「人生のやり直し」——元犯罪者のナラティヴから学ぶ』明石書店 2013 年）

S. W. Henggeler, S. K. Schoenwald, C. M. Borduin, M. D. Rowland, P. B. Cunningham (1998) *Multisystemic Treatment of Antisocial Behavior in Children and Adolescents*. Guilford, New York.（ヘンゲラー，S. W. 他著、吉川和男監訳『児童・青年の反社会的行動に対するマルチシステミックセラピー（MST）』星和書店 11 頁 2008 年）

村瀬嘉代子著『心理療法と生活事象——クライエントを支えるということ』金剛出版 2008 年。

藤岡淳子編『犯罪・非行の心理学』有斐閣 2007 年。

田中康雄編『児童生活臨床と社会的養護——児童自立支援施設で生活するということ』金剛出版 2012 年。

相澤仁編集代表、野田正人編『施設における子どもの非行臨床——児童自立支援概論（やさしくわかる社会的養護シリーズ 7）』明石書店 2014 年。

相澤仁編集代表、犬塚峰子編『子どもの発達・アセスメントと養育・支援プラン（やさしくわかる社会的養護シリーズ 3）』明石書店 2013 年。

❹ Shadd. Maruna (2001) *Making Good: How ex-convicts reform and rebuild their lives*. Washington. DC: American Psychological Association.（シャッド・マルナ著、津富宏・河野荘子監訳『犯罪からの離脱と「人生のやり直し」——元犯罪者のナラティヴから学ぶ』明石書店 2013 年）

S. W. Henggeler, S. K. Schoenwald, C. M. Borduin, M. D. Rowland, P. B. Cunningham (1998) *Multisystemic Treatment of Antisocial Behavior in Children and Adolescents*. Guilford, New York.（ヘンゲラー，S. W. 他著、吉川和男監訳『児童・青年の反社会的行動に対するマルチシステミックセラピー（MST）』星和書店 11 頁 2008 年）

村瀬嘉代子著『心理療法と生活事象——クライエントを支えるということ』金剛出版 2008 年。

藤岡淳子編『犯罪・非行の心理学』有斐閣 2007 年。

田中康雄編『児童生活臨床と社会的養護——児童自立支援施設で生活するということ』金剛出版 2012 年。

相澤仁編集代表、野田正人編『施設における子どもの非行臨床——児童自立支援概論（やさしくわかる社会的養護シリーズ 7）』明石書店 2014 年。

藤岡淳子『性暴力の理解と治療教育』誠信書房 2006 年。

❺「児童福祉法」法律第 164 号 昭和 22 年、法律第 71 号 平成 29 年。

「児童相談所運営指針」児発第 133 号 平成 2 年 3 月 5 日、子発 1025 第 1 号 平成 30 年 10 月 25 日。

「少年法」昭和 23 年法律第 168 号、平成 28 年法律第 63 号 平成 28 年 6 月 3 日。

❻「児童福祉法」法律第 164 号 昭和 22 年、法律第 71 号 平成 29 年。

「児童相談所運営指針」児発第133号 平成2年3月5日、子発1025第1号 平成30年10月25日。
本書「少年法との関係性」p.93
相澤仁編集代表、野田正人編『施設における子どもの非行臨床――児童自立支援概論（やさしくわかる社会的養護シリーズ7）』明石書店 2014年。
相澤仁編集代表、川崎二三彦編『児童相談所・関係機関や地域との連携・協働（やさしくわかる社会的養護シリーズ6）』明石書店 2013年。

❼「児童相談所運営指針」児発第133号 平成2年3月5日、子発1025第1号 平成30年10月25日。
「少年法」昭和23年法律第168号、平成28年法律第63号 平成28年6月3日。
相澤仁編集代表、野田正人編『施設における子どもの非行臨床――児童自立支援概論（やさしくわかる社会的養護シリーズ7）』明石書店 2014年。
相澤仁編集代表、川崎二三彦編『児童相談所・関係機関や地域との連携・協働（やさしくわかる社会的養護シリーズ6）』明石書店 2013年。

IX

子ども家庭支援のためのケースマネージメントの基本 ［前・後］

科目のねらい	100
❶ ケースマネージメントとは	101
❷ ケースマネージメントの展開過程	101
❸ ケースに関する調査のあり方	101
❹ 子どもの面接・家族面接	102
❺ 子ども・親・家族、地域のアセスメント	103
❻ 子ども・家族とその関係性のアセスメント	103
❼ ケースの問題の評価の方法	104
❽ 支援計画の立て方	105
❾ 子ども、保護者や関係機関等への支援計画の説明の仕方	105
❿ ケースの進行管理・再評価	106
⓫ 上記について多様な相談を前提にした取り組み	106
⓬ 子どもや保護者の地域の多様性に配慮した取り組み	107

◆科目のねらい

　ケースマネージメントは、当事者が抱える生活課題を解決するために、さまざまな主体によって提供されるさまざまな支援を組み合わせて、まとまりのあるパッケージとして提供しようとする方法である。この章では、子どもとその家族を支援するために行うケースマネージメントについて、12の節を設けて概説している。各節の内容を簡単に記した上で、全体を通じて、特に大切にしたいことについて述べて、この科目のねらいとする。

①歴史をふまえてケースマネージメントがどのような援助方法かを理解する。
②開始から終結までの各過程とこれをふまえて支援を展開することを理解する。
③面接調査の重要性とそれ以外の調査を行う上での留意点について理解する。
④子どもと面接を行うときの留意点と、子どもと家族とが同席する面接と同席しない面接の違いについて理解する。
⑤子どもと家族が抱える課題を、環境との兼ね合いで捉えることの重要性を理解する。
⑥目に見えない「関係」に着目して子どもと家族を理解することの重要性を理解する。
⑦最悪を想定したうえで、実際に起こっていることを把握することの重要性を理解する。
⑧支援計画は、当事者の福祉を実現するために、当事者の参加を得て立てることが基本であることを理解する。
⑨児童虐待相談等の場合も想定した上で、子ども、保護者や関係機関等へ支援計画を説明する上で注意すべきことなどについて理解する。
⑩ケースの進行管理・再評価を行うことの必要性について理解する。
⑪多様な相談を前提にした上で、一つひとつの事例を個別固有なものとして捉えることの重要性について理解する。
⑫どの地域でも共通することと、地域の多様性に配慮しなければならないことがあること、また地域の課題を明らかにし、これを解決するために社会資源を開発することの重要性などについて理解する。

　たとえそれが難しいことであったとしても、子どもとその保護者が、主体的に自分たちが抱える課題に取り組めるように支援する必要がある。そのために支援者は、その子どもと家族を知り、その家族が抱える課題を深く理解する必要がある。そして、そのための調査やアセスメントを含めたすべてのプロセスを通じて、子どもと家族をエンパワメントし、その家族を含めた課題解決のための支援チームをつくる必要がある。児童相談所は説明責任をはたし、保護者との間で、「支援契約」を結ぶ（告知を含む）ことが不可欠である。

1 ケースマネージメントとは

　ケースマネージメントとは、生活に何らかの困難を抱える人々に対して、そのニーズを満たすために、フォーマルな社会資源（各種手当、生活保護、保育、保健、医療、住宅等）とインフォーマルな社会資源（民間機関から提供される支援、親族・近隣・友人等を含む）の両方を組み合わせて、パッケージとして提供しようとする支援方法である。
　日本では、ケアマネージメントという用語で、高齢者福祉領域における介護保険サービス等において採用されている。

2 ケースマネージメントの展開過程

　当事者と支援者との関わりは、基本的には「人間関係」と同じプロセスをたどる。具体的にいえば、出会って、理解し、信頼関係を築き、付き合って、別れていく。この流れをケースマネージメントでは「展開過程」と呼ぶ。
　児童相談所では、従来から「調査・診断・治療」という名称を使って展開過程を捉えてきた。しかし、今日では、「アセスメント」という言葉が頻繁に使用されるようになっている。このことは、ケースマネージメントにおける標準的な展開過程をイメージしながら業務が進められてきていることの証であろう。

3 ケースに関する調査のあり方

　支援者・機関が、ケースとの関わりを開始するきっかけはさまざまである。もっとも大切にしたいのが子ども自身からの相談である。このほか、家族からの相談や子どもの身近にいる方、例えば、子どもが在籍する保育所・幼稚園・学校・学童クラブ等からの相談や

通告がある。また、子どもの泣き声や様子が気になるという市民からの通告や関与した医療機関・母子保健機関・警察等からの通告や送致による場合がある。

これらすべての場合に共通していえることは、それぞれのかたちでもたらされる内容をよく聞き取って受け止めることの大切さである。ただし、そのとき、語られる言葉に、ただ耳を傾ければよいというものではない。当事者からの相談の場合を含めて、当該ケースにおけるもっとも重要な問題や危険を、相談や通告を寄せてくださった方が十分に理解していなかったり、理解していても言い表せなかったり、何らかの事情から一部が隠されることがあることを留意した上で、質問を重ねながら、聞き取り（訊く）を進めていくことが大切となる。

これらのことを含めていえば、もっとも重要な調査の方法は、面接という「直接調査」である。そして、これを核としたうえで、関係機関での把握や行政情報等を収集する「間接調査」を併せて行っていくことが大切である。

◆4 子どもの面接・家族面接

常に意識しておきたいことのいくつかを述べる。①子どもが安心できるように配慮すること。②子どもは、言語ではなく、別なものでサインを出すことが少なくないこと。③いずれにしても、子どもが自らサインを送ること（SOSを出すことやニーズを示すこと）は、とても難しいことであること。④子どもが信頼し、安心できる人や機関（保育所や学校等）が受け取った声を大切に扱うべきこと。⑤家族メンバーと同席する場面とそうでない場面の両方を注意深く観察すること、などである。

※面接技術は、一朝一夕で獲得できるものではない。経験を重ねることにより力をつけることが不可欠である。しかし、これを補う方法として、ロールプレーがある。丁寧な準備をした上で実施すること、そこでの疑似体験を振り返ること、参加者がそれぞれの気づきを分かち合うことができれば、大きな効果が期待できる。是非とも取り入れたい。

⬥5 子ども・親・家族、地域のアセスメント

　子どもと家族が抱える生活上の課題は、さまざまな要素が複雑に絡み合い、互いに影響し合う中で、構成され、維持され、状況によって悪化したり軽減されたりしている。特に、児童虐待のような深刻な問題は、原因と結果が、一対一で結びついているようなことは稀である。脆弱な生活基盤、前の世代から持ち越され再生産されているような課題、問題が問題を生むというような悪循環などがすべてそろってしまっていることが少なくない。

　だから、深刻な課題であればあるほど、子ども、親、家族の問題を深く理解するとともに、その子どもと家族が生活する地域の問題、そして、地域の問題だけに留まることなく、社会全体が抱える問題、時代が抱える問題に取り組む必要があり、その前提のもとで、目の前の子どもと家族の身の上に起こっていることを捉えることが重要である。

　そのように理解する（アセスメント）という前提がない限り、生じている問題の責任を当事者個人に帰するというところから脱しえず、「当事者と協働して課題の解決を目指す」という方向性は見出せない。

⬥6 子ども・家族とその関係性のアセスメント

　子どもと家族成員のそれぞれを理解することが基本である。当該子どもがどのような子どもか。個々の子どもの体、健康、知的能力、性格、顔つき・容姿、行動特徴等を理解する必要がある。同じように、当該子どものきょうだい、お母さん、お父さん、また、そのほかの家族成員や頻繁に家庭に出入りするそのほかの人々等についても同様に把握し、理解する必要がある。

　そして、忘れてはならないのは、この家族成員の相互関係や家族成員と外との関係、また家族と外との関係である。関係そのものは「目で見る」ことはできない。しかし、この目に見えないものを、いかに見ていくか。それを把握し、理解することこそが重要である。

個々の人間がそうであるように、家族についても「理想的」で「問題がない」といったことはない。しかし、信頼や愛情が極めて小さくなり、あるいは歪んだものとなり、敵意や否定的感情、支配と被支配、威嚇や暴力等が圧倒的に大きくなり、内と外との境目が曖昧になっていたり、反対に、周囲からの接触がまったく遮断されたりしているのであれば、そこでは子どもの安全や安心な生活を築くことは難しい。

　なお、家族の内外の関係を理解するときには、その子どもと家族の生活が、朝起きてから寝るまで、そして1週間がどのように営まれているか、また、それぞれの子どもと家族の生活史等がわかってくると、具体的で精度の高いアセスメントが可能になる。

❼ ケースの問題の評価の方法

　子どもと家族が抱える問題を把握し理解するときには、最悪の場合を想定することと、子どもと家族の健康さや努力を前提とした、いわば「楽観的な想定」のふたつを同時に保持した上で、実際には、どのようなことが起きているのか、そして、それが今後どのように推移していくのかを予見する。

　子どもの命と人生を守っていくためには、最悪を想定することが大切だが、それだけでは、当事者の利益や福祉を無視した過剰な介入や指導、あるいは、本来は必要のない親子分離を強行することになる。しかし、反対に、最悪のことを想定しないで、「好ましい出来事」や「安全確認ができた」ということだけをつなぎ合わせて、問題が解決していないことを忘れ、当然確かめなければならないことを確かめずに放置するならば、子どもの命が失われ、保護者を加害者にしてしまうということが起こりかねない。その場合、もしもその子どもにきょうだいがいれば、その子にも「きょうだいが虐待で死んだ。自分の親がきょうだいの命を奪った」という人生を背負わせることになる。

　子どもがどのような状況にあるか。特に、これを、「守られている子どもの人権」、「奪われている子どもの人権」、「今後奪われるおそれのある子どもの人権」という観点で確かめ、同時並行で、家族全体がどのような状態にあるかを確かめていくことが求められる。

❽ 支援計画の立て方

　支援計画を立てるためには、①支援者・機関が、何故関与するのか。②関与する目的や目標は何なのか。③当事者に必要なこと（当事者からの要求はなくても、支援者としては必要だとして示せるもの）が何か。④具体的な関与の内容（訪問の頻度や時間、期間等を含む）等を明らかにして、当事者に提示できなければならない。

　そもそも、支援計画を立てるということは、当事者の参加を得て行われるべきものである。そうすることではじめて、関与が具体的、かつ、計画的なものとなり、抽象的なものではない現実的な計画のもとで、子どもや家族の生活上の課題が取り扱われることになる。

❾ 子ども、保護者や関係機関等への支援計画の説明の仕方

　支援計画は、あくまでも、子どもと保護者の福祉（幸せ）を目指すものである。そうであれば、わかりやすく、明確なものとして表現する必要がある。そうでなければ、当事者や関係者に理解され、共有されることはない。

　ただ、たとえ支援計画が、当事者の幸せを目指すものであり、かつ、平易な言葉でわかりやすく表現されていたとしても、それだけで当事者や関係者に受け入れられるとは限らない。それは、当事者や関係者・機関が抱える感情的な問題、過去における経験、それらの方々が身につけている価値観や文化といったものが、「壁」となって立ちはだかるからである。

　これらを乗り越えるためには、相手を尊重し、工夫を凝らし、忍耐深くあることが不可欠である。時には、音声による伝達だけではなく、図表、キーワード、短い文章等を、メモやホワイトボードに書き表して示すことが有効である。

⑩ ケースの進行管理・再評価

　支援計画がどんなに優れたものであったとしても、実際にそれを実行してみると、あらかじめ立てた計画と実際との間には、ズレや差異が生じるものである。

　支援を行うということは、それを行いっぱなしにすることではなく、支援の進捗状況やその効果を把握し続け、また、支援を行うことを通じて新たに見えてくるものを活用することで、当事者理解をさらに進め、効果的な支援にアップデートし続けるということでなければならない。

　時には、支援を開始する前には気づかれていなかった深刻な状況が明らかになることもある。

　それぞれにふさわしい対応を、時機を失うことなく行うことができるように、関係者との情報の交換や共有の機会を設けることが重要である。

⑪ 上記について多様な相談を前提にした取り組み

　支援計画をどう組み立てるか、それを当事者や関係者とどのように共有するか、また、実際に支援をどのように進めるか。これらは、子どもと家族が抱える課題や問題がどのようなものであるかによって異なってくる。

　また、取り扱う問題や課題が同質同種のように見えても、当事者と支援者との関係のあり方、その課題や問題への取り組みが、当事者からの相談によって開始されたのか、それとも第三者からの通告を端緒にしたのかによっても、それぞれ異なる。

　複雑に絡み合うこのような要素を常に考慮し、その上で、事例ごとに違う本質的な課題やその背景にあるものを押さえた上で、それぞれの事例の内容に合わせて支援を行いたい。

12 子どもや保護者の地域の多様性に配慮した取り組み

　ケースマネージメントについてここまで述べてきたが、ここが最後の節であることから、ケースマネージメントが、ソーシャルワークの代表的な方法のひとつであることをふまえた上で、近年まとめられたソーシャルワークの国際定義から学び、そこで強調されている二つの考え方について押さえておきたい。

　一つは、世界で共通に受け入れられるべき価値観や原理を明確にしたうえで、ローカルなもの、地域独自のものをも尊重するという考え方である。

　子どもの生命や発達の権利を守るということは、常に優先すべき世界共通の原理である。しかし、正義とはどういうもので、どのような道筋でそれを実現するかということについては、議論の余地があり、対話なしに特定の誰かの決定によって一方的に押しつけられるようなものではない。よって、状況に応じて司法の審査に共に服し、司法という場において、あらためて当事者と対話することが、支援者・支援機関には求められる。そもそも、多様性の尊重や非審判的態度といったことが、ソーシャルワークが大切にしてきた原理・原則であることを忘れてはならない。

　二つ目は、社会変革やソーシャルアクションを重視するということである。当事者の福祉の実現のためには、社会に新たな資源をつくり出し、当事者を排除したり追い詰めたりしている社会のあり方そのものを変えていくことが必要である。スケールが大きいことばかりに目を奪われてはならない。日本に、あるいは、子どもと家族が暮らしているそれぞれの地域に、必要な社会資源がないのであれば、それを創設・整備していくこと。このことも支援者・機関として取り組まなければならないことである。地域の課題を明らかにして関係機関や地域住民と力を合わせて、これを解決することにも取り組みたい。

さらに深く学ぶ人のために

- 宮島清著「児童相談所と市区町村子ども家庭福祉担当部署のこれから――悲しみを幸せに変えるという使命をどう果たすか」『都市問題』108（9）51-65、公益財団法人後藤・安田記念東京都市研究所 2017年9月。

X

子どもの面接・家族面接に関する技術［後］

科目のねらい……………………………………………………………… 110
◆ 子どもの面接・家族面接（ロールプレー）…………………………… 111

◆科目のねらい

　児童虐待の対応において、保護者と対立的な関係になる局面もあるが、一義的には保護者も支援の対象である。子どもの安全確保だけでなく、子どもの健全な発達のために、保護者と問題意識を共有し、改善動機を高める関わりも重要である。支援関係の構築には傾聴による関わりが基本となるが、保護者の一方的な要求を聞き入れるのではなく、双方向の対話が成り立つように粘り強く関わることが必要となる。このような技能を高めるうえで、ロールプレイが有効である。関わり方の技術を実際に練習することで習得が進むことに加え、保護者役を体験することで、どのような関わり方が適切なのか理解することもできる。

　子どもとの面接においては、子どもが抱く警戒心に注意を要する。子どもの緊張感や不安感に共感しながら、安心感を与えられるように面接を進める技能が求められる。また、事実確認の面接においては、子どもの追従傾向や記憶の曖昧さに留意する必要がある。子どもを観察しながら慎重に面接を進める技能が必要である。子どもの面接においては、非言語的な情報の読み取りが特に重要であり、ロールプレイで子ども役を体験することで、このような技能の向上を図ることができる。

　親子同席面接の場合、関係性の観察や相互に意見を聞く等の技術が加わるため、ロールプレイによって練習をしておくことが望ましい。振り返りの際に、"こうしたらどのような展開に変わるのだろう"と新しいアイディアを試してみることで、関わり方のバリエーションを広げることができるので、活用されたい。

I 子どもの面接・家族面接（ロールプレー）

　児童福祉法第3条の2では、「国及び地方公共団体は、児童が家庭において心身ともに健やかに養育されるよう、児童の保護者を支援しなければならない」と定められている。

　子どもと同様に保護者は支援の対象である。このため、支援を成り立たせるためには、傾聴による関わりが基本となる。

　児童虐待の対応においては、児童福祉司が保護者と対立的な関係になる局面もある。問題意識を共有することが難しく、課題を否認する保護者もいる。しかし、このような場合でも、保護者の考えに耳を傾けるという基本は同じである。

　支援者の考えや価値観を一方的に押しつけるような面接になってしまうと、支援関係は構築できない。しかし、保護者の一方的な要求を聞き入れるだけでは、支援を前に進め深めることはできないため、緊張が高まるような対立的な場面であればあるほど、両者の間に双方向の対話が成り立つように、忍耐強く対応することが望まれる。

　子どもとの面接においては、子どもの警戒心と、子どもには「追従傾向」があることに注意を払う必要がある。虐待を受けた子どもの警戒心は強く、初対面の大人に自分の気持ちを打ち明けることは難しい。子どもの緊張感や不安感に共感しながら、安心感を与えられるように面接を進める必要がある。

　事実を確認する面接においては、子どもには支援者の問いかけに追従して肯定する傾向があることに留意したい。態度を観察しながら慎重に情報を収集することが重要である。特に、年齢が幼い場合には、記憶の中で時系列が曖昧になりやすいので注意する。

　一時保護や施設等から子どもが家庭に戻る際は、親子同席での面接を行って、両者の関係性を観察しながら、保護者と子どもがそれぞれに取り組むことやこうありたいという目指す姿を言葉に出してもらって確認し合うことが望ましい。児童相談所もその実現に向けて支援に取り組むことを告げて、合意した内容を三者で確認するようにしたい。

さらに深く学ぶ人のために

◆　大谷彰著『カウンセリングテクニック入門』二瓶社　2004年。
　　松木邦裕著『耳の傾け方――こころの臨床家を目指す人たちへ』岩崎学術出版社　2015年。
　　アンドリュー・ターネル、スティーブ・エドワーズ著、白木孝二・井上薫・井上直美監訳『安全のサ

インを求めて──子ども虐待防止のためのサインズ・オブ・セイフティ・アプローチ』金剛出版 2004年。

XI

児童相談所における方針決定の過程 ［前・後］

科目のねらい ……………………………………………………………… 114
◆❶ チームアプローチ ……………………………………………………… 115
◆❷ スーパービジョン ……………………………………………………… 115
◆❸ ケースカンファレンス（事例検討）………………………………… 116
◆❹ 方針決定のあり方 ……………………………………………………… 117

◆科目のねらい

　児童相談所における相談援助活動の流れ（受理から終結にいたる過程）を理解し、以下の四つのポイントを押さえ、日常の業務の中で活かせるようになることをねらいとする。

①児童相談所では、虐待等子どもの生命の安全や健全な成長がおびやかされる事例もあることから、担当児童福祉司だけで判断するのではなく、常にほかのメンバーや管理者の意見を聞きながら、チームとして対応することの意義を理解する。

②スーパービジョンは、援助者としての知識・技術を深め、資質を向上させることはもちろん、モチベーションを高めたり、バーンアウトを防いだりする意味でも大切であり、最終的には子どもや家庭への適切な支援の確保、その支援の質の向上を図ることが目的であることを理解する。

③児童相談所運営指針に記されている判定会議や援助方針会議等が所内で行われるケースカンファレンス（事例検討）にあたる。このほかにも、措置中の事例や要保護児童対策地域協議会における事例等についても必要に応じて随時実施する。その際は関係機関の支援者とともに行うことが効果的であることを理解する。

④保護者の心情に寄り添うことを期待される児童福祉司には、保護者の言葉を信じたいという思いが生じる。これは当然であり重要でもある。しかし、方針を決めるにあたっては、特に虐待等の場合、保護者の言葉がどの程度担保されるのか、根拠を見極め、子どもの最善の利益を第一に考えて組織全体で方針を決めることが大切であることを理解する。

任用後の研修において心がけること

　参加者が実際に出会った事例等を提供してもらう。それをもとに協議し、各職種の役割、チームアプローチ、スーパービジョン、ケースカンファレンスの意義を実感できるような演習を追加できることが望ましい。

1 チームアプローチ

　チームアプローチは、児童相談所における支援の基本である。児童相談所には、児童福祉司や相談員、児童心理司、医師が配置されている。さらに、保健師や弁護士の配置も進められている。また、一時保護所には、児童指導員、保育士、心理士、看護師、調理員等が配置され、これらの職員が、チームを組んで対応している。

　それぞれの職員の役割は児童相談所運営指針に詳しく示されているので確認してほしい。

　ここで大切なのは各職種、各職員が、一人ひとりの子どもにとっての最善の利益を第一に考えながら業務にあたることである。

　特に相談援助を直接担当する職員は、子どもや家族との関わりを通して自分なりの「見立て」や意見を持つことが重要である。そのうえで各職種、各職員が同等の立場で、得られた情報を共有し、意見を交わし合い、援助方針を決めていくことが不可欠である。

　チームアプローチが成り立つためには、職員の間に、日頃から自由闊達な意見交換ができる良好な関係があることが前提となる。

　また、職員は経験年数やその所属での勤務年数の長短にかかわらず、子どもや家族から期待されていることを意識して謙虚にそれぞれの事例に向き合い、わからないことや荷が重いと思うことなどについても遠慮せずに、同僚やスーパーバイザーに相談しながら対応することが大切である。

2 スーパービジョン

　スーパービジョンは、対人支援を行う機関が、適切な支援を行うために備えておかなければならない体制である。

　狭義、かつ、一般的には、その機関に所属する専門職がよりよい支援を行うことができるように、経験豊かな職員（スーパーバイザー）から、個々の事例を担当する職員等（スーパーバイジー）に対して行われる支援であると捉えられやすいが、職員が相互に行うも

のや会議での検討、管理者が行う承認や指示等も含まれる。スーパービジョンは、通常、以下の三つの機能を有するものとして整理されている。

（1）支持機能

子どもや家族に深く関わる仕事であるがゆえに葛藤が多く、支援者自身の資質や力量についての悩みも生じる。スーパーバイザーの任にある職員は、それらの悩みに共感し、そこから新たな気づきが得られるように導き、精神的に支えていく役割を担っている。ただし、職員同士の承認や管理者の理解こそが職員を支えることも留意したい。

（2）教育機能

専門職として必要な知識・技術・態度を身につけられるよう、スーパーバイジーを教育・指導する機能であり、個別面談の形で行われるものがイメージされやすい。しかしこれに留まらず、目を通すべき資料を示す、面接に同席する、スーパーバイザーが自分の面接にスーパーバイジーを同席させる、ワンポイントアドバイスをするなども重要である。

（3）管理機能

児童相談所で扱う事例では、対応の漏れや誤りが重大な結果につながる。当事者と支援者を組織として守らなければならない。組織としての目的や関係法令等に則って支援が適切に進められているかを確認し、必要な助言や指示を行う必要がある。担当者の状態にも注意を払い、職務の配分や応援体制、執務環境の整備等にも配慮する。当事者と支援者を守り、組織の使命を守るためには、緊急事態に対してスーパーバイザーや管理者が直接介入することも必要となる。

❸ ケースカンファレンス（事例検討）

児童相談所におけるケースカンファレンスは、問題や課題を抱えた子どもや家族について、関わっている職員が一堂に会し、面接や調査で収集した記録や資料、各種検査から得られたデータ等を用いて、子どもの生育歴や家族の生活歴、家族間の関係性、学校や地域の社会資源との関係等を分析・考察することによって、よりよい支援の方向性を見出すために行われるものである。

その際、関係性をより理解しやすくするために、ジェノグラム（家系図、家族図）やエコマップ（生態図）を用いることがある。

　ケースカンファレンスは、支援の開始のときだけでなく、関わりの中で支援に行き詰まったときや担当者が判断に迷うとき、一時保護や児童福祉施設からの退所を検討するときなどには適宜実施したい。この際には、外部の専門家や関係者の参加を求めるのも効果的である。

　そのようにして、より広い視野から多角的に捉えなおすことで、新たな気づきやそれまでは見出せなかった解決への糸口を発見できたり、後退しかけたモチベーションを取り戻すことができたりする。

　ケースカンファレンスは、児童相談所内だけでなく、市区町村の要保護児童対策地域協議会（要対協）等での情報共有や援助方針の検討のためにも、また効果的な研修方法としても有効で欠かせない。

❹ 方針決定のあり方

　児童相談所が一人ひとりの子どもについて援助方針を作成することの意義については、児童相談所運営指針に記載されている（第１章第５節援助指針[援助方針]の重要性）。

　援助方針は、単に、一時保護するかしないか、児童福祉法に記された児童福祉司による指導、里親委託や児童福祉施設への入所等の措置をとるかどうか、あるいは、受理し調査するかどうかを決めるに留まらず、個々の事例について、子どもの最善の利益を考慮し、個々の事例の内容や事情をふまえて、「個別性の原則」に従って決定しなければならない。

　そのためには、子どもや保護者の意向を把握して、できる限り支援方針に反映させることが必要である。そのうえで、子どもと家族成員の特性、置かれている状況、家庭内や地域における関係性等を理解し、抱えている課題や問題に照らしてどんな支援が必要なのかの視点に立つことが重要である。

　そのうえで、どのように関わればよいのか、どんな制度や社会資源を用いれば子どもの福祉を実現できるのか、必ずしも社会福祉分野に限定せずにさまざまな社会資源も考慮に入れて、子どもにとって最善と思われる方策を検討する。このときにこそ、児童相談所に配置された多様な専門職が有する多様な知見や経験を活かしたい。

　児童虐待の事例等では、保護者の意向をくむことができない場合も少なくないが、この

場合でも、児童相談所としての考えや方針は明確に示し、伝えた内容を保護者がどう受け止めたかを含めて記録しておくことが必要である。

　子どもと保護者に対して、方針決定への参画を保障すること、それがかなわない場合でも、児童相談所が、なぜそのように判断したのかを根拠を示しながら説明すること。このための努力を怠ってはならない。

さらに深く学ぶ人のために

◆ 大橋謙策・白澤政和・米本秀仁編著『相談援助の基盤と専門職（MINERVA 社会福祉士養成テキストブック 2）』ミネルヴァ書房 2010 年。
◆ 福山和女編著『ソーシャルワークのスーパービジョン――人の理解の研究（MINERVA 福祉専門職セミナー 14）』ミネルヴァ書房 2005 年。
　山辺朗子著『ジェネラリスト・ソーシャルワークにもとづく社会福祉のスーパービジョン――その理論と実践（新・MINERVA 福祉ライブラリー 22）』ミネルヴァ書房 2015 年。

XII
行政権限の行使と司法手続き［前・後］

科目のねらい ……………………………………………………… 120
❶ 司法関与に関する講義と演習 ………………………………… 121
❷ 行政権限の行使と司法手続き ………………………………… 121
❸ 親権停止・喪失、未成年後見人、無戸籍児童への対応、抗告、
　刑事告発、告訴等 ……………………………………………… 123

◆科目のねらい

・裁判所が児童相談所の活動に関与する意義、場面及び手続きの内容について理解する。
・司法手続きを利用中の当事者への支援の必要性について理解する。
・司法関与が問題となる具体的な場面を提示して、問題意識を共有するなどの方法が考えられる。
・児童福祉司としては、法的な細かな知識を身につけることよりは、どのような場面で司法手続きを利用できるのか、司法手続きのチェックを受けるのかの概要を会得することが目標となる。

1 司法関与に関する講義と演習

（1）導 入
司法関与が問題となる具体的な場面を提示して、問題意識を共有するなどの方法が考えられる。

（2）進め方
- 必要に応じて、問題となる条文を参照しながら進めることが望ましい。例えば、児童福祉法第28条1項1号に基づく申立てについて検討する場合に、「保護者が、その児童を虐待し、著しくその監護を怠り、その他保護者に監護させることが著しく当該児童の福祉を害する場合」「措置を採ることが児童の親権を行う者又は未成年後見人の意に反するとき」という各要件を満たす必要があることを、条文を参照しながら確認する。
- どのような事例であればその手続きを利用することを想定するのか、具体的な事例を示しながら進めることが望ましい。
- 手続きに際して、例えばどのような資料（証拠）を準備する必要があるのかを検討しながら進めることが望ましい。
- 手続き中に、関係者とりわけ児童がどのような立場に置かれるのか、手続きの過程で不安や傷つきを抱えることになるおそれはないのか、それに対するどのような支援が望まれるのかについても、必要に応じて検討することが望ましい。

2 行政権限の行使と司法手続き

（1）臨検捜索
臨検捜索は、保護者が正当な理由なく立入調査を拒否するなどした場合であって、児童虐待が行われている疑いがあるときに、その児童の安全確認または安全確保のため、その住所・居所に入ったり、児童を捜索したりすることができる制度である。臨検捜索を行うためには、裁判官があらかじめ発する許可状が必要になる（児童虐待防止法第9条の3第1項）。

2016年5月に成立した児童福祉法の改正により、臨検捜索にいたる手順が簡素化され、立入調査の拒否等があれば、再出頭要求（児童虐待防止法第9条の2第1項）をしなくても、臨検捜索の手続きが可能となった点に留意する必要がある。

　児童の安全確保は、まずは立入調査（児童虐待防止法第9条第1項）により行うことが望ましいが、万一立入調査が拒否されるなどして奏功しない場合であっても、臨検捜索の制度を利用することができる。ただ、立入調査の拒否等という事実が必要なうえ、裁判官の許可を求めなければならず、一定の時間を要するため、それほど多く利用はされていないのが実情である。

（2）2か月超える一時保護

　児童相談所は、児童の安全・適切な保護を図るため、または児童の状況を調査するために、必要な場合は児童を一時保護することができる（児童福祉法第33条第1項）。2018年4月2日施行の児童福祉法改正により、親権者の意に反して2か月を超えて引き続き一時保護を行う場合は、家庭裁判所の承認を必要とすることとなった（児童福祉法第33条第6項）。法律上は2か月を超える前に申立てをすればよいが、裁判所の判断が2か月超えとなるまでになされることが望ましいことを考えると、2か月が経過する15日程度前には、申立てを行うことが望ましい。

　実務的には、申立書は、児童相談所運営指針に示された書式を参考にして対応することになると考えられるが、本申立てが児童福祉法第28条第1項の承認申立てと異なり、あくまでも調査段階における保護の継続の必要性の有無を判断すれば足りるものであることを理解し、申立てを行う必要がある。

（3）児童福祉法第28条第1項及び第2項に基づく申立て

　児童の養育状況が不適切で、里親に対する委託や児童福祉施設へ措置するなどの方法により、児童が保護者とは別に生活することが必要となる場合がある。里親への委託や児童福祉施設への措置は、親権者の同意のもとに行うが、親権者の意に反してこれらの措置等を行うには、裁判所の承認が必要となる（児童福祉法第28条第1項）。条文上は、「保護者が、その児童を虐待し、著しくその監護を怠り、その他保護者に監護させることが著しく当該児童の福祉を害する場合」とあるが、具体的にはどのような場合がこれに該当するのか、それをどのような資料によって証明するのか過去の審判事例等をふまえて理解し、この手続きを適切に活用する必要がある。

　児童福祉法第28条第1項に基づく家庭裁判所の承認のもとに、里親への委託や児童福祉施設に措置をするなどしたケースについては、その期間が2年以上になるときは、2年

ごとに家裁の承認が必要となる（児童福祉法第28条第2項）。

また、児童福祉法第28条第1項または第2項の申立てに関連し、家庭裁判所が保護者に対する指導措置をとるように都道府県に勧告する制度（児童福祉法第28条第4項及び第5項）についても必要な場合には利用する。

なお、このような司法手続きを利用する場合、児童に対して、手続きの説明をすることのほか、手続き中にもつ不安等に対する支援を実施するとの視点が重要になる。保護者に関しても、手続きを説明するなどを適切に行うことが必要であることに留意すべきである。

❸ 親権停止・喪失、未成年後見人、無戸籍児童への対応、抗告、刑事告発、告訴等

（1）親権停止・親権喪失宣告の申立て

里親への委託や児童福祉施設への措置といった行政手続きとは別に、児童相談所長が、民法上の親権の停止や喪失の申立てを行うことができる（児童福祉法第33条の7）。

親権喪失は、児童と親権者との再統合が考えられないような、児童の福祉から見て両者の関係を遮断せざるを得ない場合に利用する。

親権を一時的に止める必要がある場合には、親権停止の申立てを行う。停止の期間は2年間で（民法第834条の2第2項）、それよりも期間が長くなるときは、再度の申立てが必要となる。親権停止は、親権者の意向に反して手術を実施する必要がある場合や児童の自立に際して住居を借りたり就職したりするうえで、親権者の不適切な対応によりこれが阻害されているような事案、さらには、児童を里親に委託したり、施設に措置したりした際に、さまざまな治療を展開するうえで親権者の理解が得られずその妨げになっているような場合などでの利用が考えられる。

緊急の場合には、審判前の保全処分を活用することができる（家事事件手続法第174条第1項）。

（2）未成年後見人選任申立て

児童相談所長は、児童に親権を行う者がない場合、その福祉のため必要があるときは、家庭裁判所に対し、未成年後見人の選任を請求しなければならない（児童福祉法第33条の

8)。とりわけ、里親への委託や児童福祉施設への措置がなされてない児童であって、親権者がいない場合には、その必要性が強い。施設措置等がなされている場合であっても、施設を退所後に予想される状況次第では、入所中であってもその必要性がある。未成年後見人の選任申立ては家庭裁判所に対して行うが、申立てに際しては、未成年後見人を誰にするのかについて想定しておく必要がある。未成年後見人には、個人のほか法人も就任することができる。

（3）無戸籍児童への対応

戸籍に記載がされていない児童であっても、一定の要件のもとで行政サービスの利用（住民票への記載、児童手当の支給、保育所入所、母子保健支援、旅券の発行等）が可能となる場合がある。関係部局と連絡を取り合い、積極的に行政サービスを活用する必要がある。

戸籍を取得するには、家庭裁判所に、親子関係不存在確認の申立て、嫡出否認の手続きなどを行う必要がある。当事者がこのような法的手続きをとることができるよう弁護士、弁護士会、法務局等とも連携し、支援を行う必要がある。

（4）刑事告発・告訴

児童虐待行為の多くは、傷害、暴行、監護者わいせつ、監護者強制性交等の罪に該当する。被害を受けた児童等が加害者に対する刑事処罰を望むなどして、行政による児童の保護手続きとは別に刑事手続きが進められることがある。

児童が被害者として刑事手続きに関わる場合に、捜査から起訴、証拠調べ、判決、刑の執行という刑事手続きの流れの概要を理解する必要がある。このような手続きの中で、捜査段階での取調べにおける児童のサポート（いわゆる司法面接のあり方を含む）、裁判手続き中の裁判記録の閲覧謄写、証人尋問の場合の保護、刑の執行における仮釈放・仮退院審理に関する事項等を通知等制度といった一定の権利行使や保護手続きの利用が可能となる。弁護士の支援を得るなどして、適切に刑事手続きに対応することが求められる。

とりわけ刑事手続きは被害者である児童にとっても心理的な負担が大きい場合があり、裁判進行中、さらには結果が出た後も、刑事手続きの状況を理解したうえで、児童に対する心理面、生活面のケアをしっかりする必要がある。

さらに深く学ぶ人のために

❶ 「児童相談所運営指針」児発第133号 平成2年3月5日、子発1025号 平成30年10月25日。
「子ども虐待対応の手引き（平成25年8月改正版）」雇児総発0823第1号 平成25年8月23日。
日本弁護士連合会子どもの権利委員会編『子どもの虐待防止・法的実務マニュアル【第6版】』明石書店 2017年。

❷ 「児童相談所運営指針」児発第133号 平成2年3月5日、子発1025号 平成30年10月25日。
「子ども虐待対応の手引き（平成25年8月改正版）」雇児総発0823第1号 平成25年8月23日。
日本弁護士連合会子どもの権利委員会編『子どもの虐待防止・法的実務マニュアル【第6版】』明石書店 2017年。
「児童福祉法及び児童虐待の防止等に関する法律の一部を改正する法律（平成29年法律第69号）の施行に係るQ＆Aの送付について」厚生労働省子ども家庭局家庭福祉課虐待防止対策推進室 平成30年1月12日。

❸ 「児童相談所運営指針」児発第133号 平成2年3月5日、子発1025号 平成30年10月25日。
「医療ネグレクトにより児童の生命・身体に重大な影響がある場合の対応について」雇児総発0309第2号 平成24年3月9日。
「子ども虐待対応の手引き（平成25年8月改正版）」雇児総発0823第1号 平成25年8月23日。
法務省「無戸籍の方が自らを戸籍に記載するための手続等について」
www.moj.go.jp/MINJI/minji04_00047.html（2018年3月12日閲覧）

関係機関(市区町村を含む)との連携・協働と在宅支援 [前・後]

科目のねらい	128
❶ 各種関係機関の特徴と役割	129
❷ 関係機関との適切な連携・協働の取り方・あり方	130
❸ 関係機関への支援計画に関する理論的な説明の必要性	130
❹ 市区町村子ども家庭相談と児童相談所との協働	131
❺ 要保護児童対策地域協議会と児童相談所との協働	132
❻ 関係機関との協働と在宅支援	133
❼ 多職種連携のためのコミュニケーションの取り方	134

◆科目のねらい

　子どもの問題の背景にある家族の課題を改善するためには、地域の関係機関が協働し合って家族に支援を届けることが必要である。児童相談所は、地域の支援者の間での意思疎通を図り、チーム支援を機能させるために、地域の関係者のコーディネートとケース進行のマネージメントの機能を適切にはたすことが求められる。以下にそのポイントを述べる。

(1) 関係機関の役割の相互理解

　それぞれの機関が、子どもと保護者の問題にどのように関わることができて、どのような機能をはたせるのか、しっかりと把握する必要がある。同時に各機関はそれぞれの限界も有しており、それを理解し合うことで相互不信を避けることができる。そのため、各機関の機能と限界をよく理解し合うように努める。

(2) 自らの機関がはたすべき役割

　子どもと家族の支援をほかの機関に委ねるだけではなく、自らの機関は何ができるのかを絶えず意識する必要がある。それぞれの機関がはたすべき役割を十分に実行し、自らの機関内における組織的対応と進行管理を十分に行うことが、連携協働の前提となる。

(3) 理念の共有・認識の共有

　地域の関係機関による協働が有効に働くためには、子どもと家族にとって何をすることが必要なのかの理念や認識を共有することが必要となる。そのために、共通のアセスメントツールを活用して認識をすり合わせたり、顔を合わせて協議し、課題と手立てを共に整理し、見通しを共有する作業を丁寧に行う必要がある。そのためには、要保護児童対策地域協議会での会議の実効性のある運営方法について理解する必要がある。

(4) 重ね合う支援

　各機関の役割を固定的に考えることで、支援が有効に働かなくなることがある。各機関が一歩ずつ踏み出してのりしろを重ね合うことで、支援の隙間からこぼれ落ちることを防ぐことができる。機関同士が同行訪問や同席面接をするなど一緒に動くことで、多機関のネットワークが「寄せ鍋を囲む」ように融合して機能することができる。チームによる支援を意識して、支援を重ね合うことの大切さを理解する必要がある。

I 各種関係機関の特徴と役割

　子どもの地域での安全で安心な暮らしを守るためには、多くの機関・関係者が連携して支援する必要がある。この連携と協働において、特に重要な役割を担うのが、市区町村が設置する要保護児童対策地域協議会（以下、要対協）である。

　要対協は、児童福祉、保健・医療、教育、警察・司法等にわたるさまざまな機関によって構成される。

　これらの機関の中でももっとも重要なのは、要対協の要役ともいえる「調整機関」である。多くの市区町村では、この調整機関の役割は、児童福祉担当課、あるいは母子保健担当課や教育委員会が担っている。

　市区町村は、子ども家庭相談の第一義的な窓口であり、児童虐待の通告を受けて対応する機関である。

　このように、市区町村は、相談支援機能と調整機関としてのマネージメント機能という二つの機能を同時に担う極めて重要で困難な立場にあるという理解が必要である。

　要対協を構成するすべての機関について、ここで詳述する紙幅がない。詳しくは、下記の参考文献を参考にしてほしい。そこで、ここでは子どもが所属する保育所や学校と、地域において妊産婦及び乳幼児とその保護者に対して厚い支援を展開している母子保健の役割と特徴について述べたい。

　学校や保育所は、日々子どもたちが通う、家庭と並ぶ子どもたちの生活の場所である。このため、子どもたちの成長や変化を把握できる。また、学校や保育所は、保護者とも密接な関わりを持てる立場にある。義務教育である小中学校は、原則すべての子どもに日々関与できる唯一の機関である。

　また、厚生労働省に設置された専門委員会が行った死亡事例等の検証の結果（第13次報告までの累計）で、心中を除く児童虐待で死亡した子どもが3歳以下であった割合が、全体の75％以上であったことをふまえると、保育所とともに市区町村の母子保健担当課の関わりが重要である。

　ただし、児童相談所の側からこれらの機関に対して責任や期待を求めるだけでは、連携や協働は進まない。いずれの機関でも、限られた人員で膨大な業務を担っていることを知り、その全体状況や実務を担っている個々の職員が置かれている状況についても目を配りたい。

関係機関との適切な連携・協働の取り方・あり方

　子ども家庭福祉においては、ひとりの専門職やひとつの専門機関で支援が完結することはない。これは社会福祉サービスのどの分野における支援でも共通である。

　何らかの支援を必要としている子どもとその家庭が抱えている問題やニーズは、多様で複雑である。これを前提とすれば、子どもとその家庭に対して複数の機関が連携して多様な支援を展開してはじめて、その子どもと家庭の福祉が図られる。

　にもかかわらず、福祉サービス、特に行政機関における対応は依然として縦割りにおちいりやすい。そして、提供されるサービスも、とかく対象者ごとになりやすい。このことをあらため、個々の構成員だけでなく、家庭のほかの構成員や家族全体について見渡し、家庭を全体として「見立て」をした上で、これを前提として支援を行うことが必要である。

　このような視点に立って個々の事例を捉えることができるか、個々の事例への支援を展開できるかは、個々の事例に関わる支援チームにおいて、中心的な役割を担う児童相談所の児童福祉司や市区町村の調整機関担当者の姿勢や力量によるところが大きい。

　組織が違えばその目的も役割も違う。当然のこととして組織ごとに指示命令系統や意思決定の手順も違う。そのことを前提に組織の枠を越えて、担当者同士がチームを組んで支援を展開することが重要である。

　このような難しい仕事であるからこそ、児童福祉司や要保護児童対策地域協議会の調整担当者がスーパービジョンを受けられる体制を整えることが不可欠なのである。

 ## 関係機関への支援計画に関する理論的な説明の必要性

　支援計画策定のためには適確なアセスメントが必要である。

具体的には、子どもの状況、ニーズ、家庭の状況、地域の状況等について調査し、把握することが必要である（調査については「児童相談所運営指針」の第3章第3節、「子ども虐待対応の手引き」の第4章を参照）。
　そのうえで、どのような支援が必要か。その支援を行ううえでどのような社会資源があるか。関係機関にどのような役割を分担してもらうことが必要で、かつ、可能なのか。役割を担う機関がなければ、それまで何でどう代替するのか。これらについて、関係機関との間で知恵を出し合って協議することが必要である。
　支援計画は、子どもとその家族のために作成するものである。だから、子どもとその家族の意向にも沿ったものでなければならない。また、子どもの利益と家族の利益が一致するとは限らない。このふたつの間でバランスをとって調整しなければならない。もちろん子どもの利益を後回しにすることはできない。これらのことを関係者・機関の共通認識とする。
　児童相談所は、市区町村の共通リスクアセスメントシート等を活用し、リスクを客観的に把握・共有しておくことが必要である。このシートは、互いの目線を合わせ、互いの理解をすり合わせるために有用なツールである。しかしリスクだけに目を奪われたのでは効果的な支援は展開できない。その子ども、その家庭の強みを同時に把握し、理解し、これを促進・活用する必要がある。
　児童相談所は、子ども・保護者・各機関にわかりやすく自らの判断や考え方を説明し、意見を聞く必要がある。そのようにして、共に策定する支援計画を納得してもらい、受け持つパートややるべきことを受け入れあって支援を進めることが必要である。

◆4 市区町村子ども家庭相談と児童相談所との協働

　虐待は重大な人権侵害である。このことに間違いはない。しかし、児童虐待が保護者による子育てが限界になっていることの証であり、家庭が発するSOSであるということも見落としてはならない。
　2016年の児童福祉法の改正は、第1条（児童の福祉を保障するための原理）、第2条（児童育成の責任）、第3条（原理の尊重）の総則の改正をはじめとする大規模なものとなった。とりわけ、第3条の3で、市区町村・都道府県・国の役割が明示されたことには注意を払

いたい。

　市区町村は、保育の実施をはじめ児童福祉法に規定された在宅福祉に関しての業務を適切に行わなければならない（児童福祉法第10条第1項）。都道府県、特に児童相談所は、市区町村が行う業務を適切かつ円滑に行えるよう助言・援助をするとともに、専門的な知識・技術が必要な業務を適切に行わなければならない（同法第11条）。

　これは、ともすると、在宅支援は市区町村で行い、専門的な相談支援は児童相談所が行うという構図と理解されてしまうおそれがある。しかし、これが当てはまるのは一部の事例であることに留意する必要がある。

　実際に多くの事例では、市区町村と児童相談所とが相互に補完し合って、子どもと家庭を支えている。そうであるからこそ、前述した法改正において、児童福祉法第27条第1項第2号措置による指導を市区町村に委託されるようになったものとも考えられる。

　児童相談所には、前述したように市区町村の業務に対して専門知識や技術をもって支援する責務があり（同法第11条第2項）、市区町村は、必要に応じて、児童相談所からの専門性に基づく支援や措置を求めなければならないとされている（同法第10条第2項・第3項、同法第25条の7等）。

　児童相談所と市区町村との連携や協働は、お互いがお互いを理解し尊重し合わなければ成立しない。

要保護児童対策地域協議会と児童相談所との協働

　要保護児童対策地域協議会（以下、要対協）の構成機関は、それぞれ主体性を持って参加しなければならない。

　要対協の調整機関は、この会議の運営と構成機関との連絡・調整の役割を担うとともに、各機関が行う支援内容を適切に把握して、進行管理（マネージメント）を行う役割の両方を担っている（児童福祉法第25条の2第5項）。

　このため調整機関の調整担当者には児童福祉司の資格を有する者及びそれに準じる専門職を置くものとされている（同法第25条の2第6項）。

　児童相談所の職員である児童福祉司には、要対協に参加するにあたり、ふたつの大切な役割があると考える。ひとつは児童相談所が行う支援について、その内容や目的を、要対

協を構成するほかの関係機関に説明することである。この説明を通じて、関係機関に理解と協力を求める。もうひとつは、要対協で行われる協議を通じて、各関係機関が行う支援について助言したり、当該子どもと家族についてのアセスメントを深めたり見直したりするスーパービジョンを行う役割である。

要対協の調整機関の担当者と児童相談所の児童福祉司は、子どもとその家族への支援を推し進める車の両輪といっても過言ではない。

6 関係機関との協働と在宅支援

児童福祉法の2016年の改正では、第3条第2項が新設された。国と地方公共団体は、子どもが家庭において養育されるよう子どもの保護者を支援しなければならないと規定され、家庭での養育が困難な場合は、家庭と同様な環境で、しかも継続的に養育されるよう必要な措置を講じなければならないとされた。

児童福祉司は、児童福祉のソーシャルワークを担う専門職であり、同時に児童福祉行政の第一線の担い手である。

前者においても後者においても問われるのが、今目の前にいる子どもとその保護者に対して何ができるかということと、今はできなくとも今後のために、また、この目の前の子どもと保護者と同じようなニーズを持つ人々のために必要な制度政策・社会資源等をどう「開発・整備」するかである。

ソーシャルワーク専門職は、何らかの困難を抱えた人々に対して、何かの負担を新たに求めるような視点で支援を捉えるべきではない。その人々の立場に立って、共にその困難を乗り越えようとする伴走者となるべきである。

また、同時に、児童福祉行政の担い手として、個々の子どもと家族の生活の課題を解決し、同様のニーズを持つ人々の福祉に資する社会資源の整備や制度・政策の創設に関して、発信・企画・提案をすることが求められる。

第一線で子どもとその保護者と接しているからこそ、市区町村、都道府県、そして国に対しても、発信・企画・提案することができる。

児童福祉司には、「子どもの権利擁護の主体」としての役割をはたすことが求められる。

※在宅支援では、しばしば「見守り」という言葉が使われる。この言葉には注意を払う必要がある。見守りとは、「誰が、何時、何を、どのように」することなのか。よい変化でも悪い変化でも、変化はどのようにすれば把握できるのか。変化に気づくことができたときには、「誰が、誰に、どのように」連絡するのか。この連絡を受けたときには、「誰が、何を、どのように」行うのか。これらのことが明らかにされない見守りは、到底、子どもとその保護者への支援と呼ぶことはできない。これらについて、事前に関係者との間で協議し、明確にしておくことが求められる。

7 多職種連携のためのコミュニケーションの取り方

　多職種連携のコミュニケーションの具体的な方法として、担当者が互いに顔と顔とを合わせて行う個別ケース検討会議の実施がある。

　この会議に参加することを通じて、研修への参加や抽象的な話し合いでは知ることができない、各関係機関やそこに所属する人たちの特徴やものの考え方、得意とするところや不得手・限界等が見えてくる。

　個別ケース検討会議では、ケースについての情報交換や支援の役割分担等が行われるが、ともすると、文字通りの情報交換・情報共有で終わってしまう。そうならないためには、それぞれの機関やそこに属する人たちが、自らの機関、あるいは自分が担えることを、あらかじめ検討・整理し、その内容を持ち寄って参加することも重要である。

　個別ケース検討会議では、そこで交わされる討議によって、子どもと家族の姿をより深く、よりはっきり明らかにすることこそが重要であるが、各参加者が、自ら行うべきことを回避するような姿勢で臨んだのでは、到底適確なアセスメントがなされるはずはない。当事者意識を持った真剣な検討を通じてこそ、当事者についての理解が進み、関係者相互の理解も信頼関係の構築も可能になる。

　このような検討ができるチームづくりのためにも、時には外部のスーパーバイザーを検討会に招聘することが有効である。

引用・参考文献

◆「要保護児童対策地域協議会設置・運営指針」第2章、雇児発0331第46号 平成29年3月31日、雇児発0331第46号 平成29年3月31日。
　「市町村子ども家庭支援指針」（ガイドライン）第4章、第5章、雇児発0331第47号 平成29年3月31日、子発0720第7号 平成30年7月20日。
　「児童相談所運営指針」第7章、第8章、子発1025第1号 平成30年10月25日。
　「子ども虐待対応の手引き（平成25年8月 改正版）」第12章、雇児総発0823第1号 平成25年8月23日。

さらに深く学ぶ人のために

❶「児童相談所運営指針」児発第133号 平成2年3月5日、子発1025第1号 平成30年10月25日。
　「子ども虐待対応の手引き（平成25年8月改正版）」雇児総発0823第1号 平成25年8月23日。
　「市町村子ども家庭支援指針」（ガイドライン）雇児発0331第47号 平成29年3月31日、子発0720第7号 平成30年7月20日。
　「要保護児童対策地域協議会設置・運営指針」雇児発第0225001号 平成17年2月25日、雇児発0331第46号 平成29年3月31日。
　教職員用研修教材「児童虐待防止と学校」（CD-ROM）、文部科学省 平成21年5月。
　「子ども虐待による死亡事例等の検証結果等について（第13次報告）」社会保障審議会児童部会児童虐待等要保護事例の検証結果に関する専門委員会 平成29年8月。

❷「児童相談所運営指針」児発第133号 平成2年3月5日、子発1025第1号 平成30年10月25日。
　「子ども虐待対応の手引き（平成25年8月改正版）」雇児総発0823第1号 平成25年8月23日。
　「市町村子ども家庭支援指針」（ガイドライン）雇児発0331第47号 平成29年3月31日、子発0720第7号 平成30年7月20日。
　「要保護児童対策地域協議会設置・運営指針」雇児発第0225001号 平成17年2月25日、雇児発0331第46号 平成29年3月31日。

❸「児童相談所運営指針」児発第133号 平成2年3月5日、子発1025第1号 平成30年10月25日。
　「子ども虐待対応の手引き（平成25年8月改正版）」雇児総発0823第1号 平成25年8月23日。
　「市町村子ども家庭支援指針」（ガイドライン）雇児発0331第47号 平成29年3月31日、子発0720第7号 平成30年7月20日。
　「要保護児童対策地域協議会設置・運営指針」雇児発第0225001号 平成17年2月25日、雇児発0331第46号 平成29年3月31日。

❹「児童相談所運営指針」児発第133号 平成2年3月5日、子発1025第1号 平成30年10月25日。
　「子ども虐待対応の手引き（平成25年8月改正版）」雇児総発0823第1号 平成25年8月23日。
　「市町村子ども家庭支援指針」（ガイドライン）雇児発0331第47号 平成29年3月31日、子発0720第7号 平成30年7月20日。
　「要保護児童対策地域協議会設置・運営指針」雇児発第0225001号 平成17年2月25日、雇児発0331第46号 平成29年3月31日。

❺「児童相談所運営指針」児発第133号 平成2年3月5日、子発1025第1号 平成30年10月25日。
　「子ども虐待対応の手引き（平成25年8月改正版）」雇児総発0823第1号 平成25年8月23日。
　「市町村子ども家庭支援指針」（ガイドライン）雇児発0331第47号 平成29年3月31日、子発0720

第 7 号 平成 30 年 7 月 20 日。

「要保護児童対策地域協議会設置・運営指針」雇児発第 0225001 号 平成 17 年 2 月 25 日、雇児発 0331 第 46 号 平成 29 年 3 月 31 日。

❻「児童相談所運営指針」児発第 133 号 平成 2 年 3 月 5 日、子発 1025 第 1 号 平成 30 年 10 月 25 日。

「子ども虐待対応の手引き（平成 25 年 8 月改正版）」雇児総発 0823 第 1 号 平成 25 年 8 月 23 日。

「市町村子ども家庭支援指針」（ガイドライン）雇児発 0331 第 47 号 平成 29 年 3 月 31 日、子発 0720 第 7 号 平成 30 年 7 月 20 日。

「要保護児童対策地域協議会設置・運営指針」雇児発第 0225001 号 平成 17 年 2 月 25 日、雇児発 0331 第 46 号 平成 29 年 3 月 31 日。

❼「児童相談所運営指針」児発第 133 号 平成 2 年 3 月 5 日、子発 1025 第 1 号 平成 30 年 10 月 25 日。

「子ども虐待対応の手引き（平成 25 年 8 月改正版）」雇児総発 0823 第 1 号 平成 25 年 8 月 23 日。

「市町村子ども家庭支援指針」（ガイドライン）雇児発 0331 第 47 号 平成 29 年 3 月 31 日、子発 0720 第 7 号 平成 30 年 7 月 20 日。

「要保護児童対策地域協議会設置・運営指針」雇児発第 0225001 号 平成 17 年 2 月 25 日、雇児発 0331 第 46 号 平成 29 年 3 月 31 日。

XIV 社会的養護による自立支援 ［前・後］

科目のねらい	138
❶ 社会的養護制度の概要	139
❷ 社会的養護制度（児童養護施設）	141
❸ 社会的養護制度（乳児院）	142
❹ 社会的養護制度（児童自立支援施設）	143
❺ 社会的養護制度（母子生活支援施設）	143
❻ 社会的養護制度（児童心理治療施設）	144
❼ 社会的養護制度（里親）	145
❽ 養子縁組制度	146
❾ 社会的養護における永続性・継続性を担保するソーシャルワークのあり方	148
❿ 社会的養護における権利擁護（被措置児童等虐待、苦情解決、第三者評価）	149
⓫ 生活支援と治療的養育	151
⓬ 年長児童の自立支援のあり方	151
⓭ 社会的養護と児童相談所等の関係機関との連携	152
⓮ 移行期ケアのあり方	152
⓯ ファミリーソーシャルワーク及び家庭復帰支援のあり方	153

◆科目のねらい

社会的養護と市区町村との連携における児童相談所の役割

　社会的養護ケースへのアドミッションケア、インケア、リービングケア、アフターケアの各支援段階における児童相談所と市区町村との協働については、以下の点が重要となる。

(1) アドミッションケア

　委託入所にあたっては、家族の状況や生育歴等をふまえた包括的アセスメントと自立支援計画の策定を行うとともに、市区町村への委託・入所にいたった経緯等の説明と、今後の家族支援を主とした支援計画の共有を図ること。また、委託や入所が喪失体験や見捨てられ体験とならないよう、市区町村と協力し家族も含めた重要な地域の支援者等との継続的な関わりができるよう配慮すること。

(2) インケア

　子どもが安心して暮らせるよう、里親や施設を支援するとともに、子どもと家族との関係調整のための家族支援を行う上で、市区町村のこれまでの家族支援の継続や子どもの帰省中のモニタリング等、市区町村が担う役割を明確にして協力を求める。

(3) リービングケア

　親子関係の改善が図られ、家庭復帰の可能性が見えてきたら、家庭復帰に向け定期的な外泊等を行う。その際のモニタリングや復帰後の支援計画を市区町村と施設と協働して策定する。

(4) アフターケア

　委託解除、措置解除後は、原則として児童相談所の児童福祉司等による指導（児童福祉法第27条1項2号）とし、施設と市区町村とのこれまでの協働に、子どもが通う新たな保育所や学校等を加え、在宅支援の充実強化を図る。

社会的養護制度の概要

　社会的養護とは、さまざまな事情により養育が困難な子どもを公的な責任のもとで保護し養育することである。

　狭義では、社会的養護関係施設や里親・養子縁組で子どもを保護し養育する代替養育のことを指す。広義では、困難や課題を抱えながらも親子が地域で暮らし続けられるように支援することや、社会的養護関係施設や里親家庭から地域に戻った子どもやその家族を支えることである。

　社会的養護を展開する上で基本理念と原理に基づいて実施されることが求められる。

社会的養護の基本理念

(1) 子どもの最善の利益のために
(2) 社会全体で子どもを育む

社会的養護の原理

①家庭的養護と個別化
②発達の保障と自立支援
③回復をめざした支援
④家族との連携・協働
⑤継続的支援と連携アプローチ
⑥ライフサイクルを見通した支援

　児童福祉法第3条の2では、代替養育のあり方として国・地方公共団体（都道府県・市区町村）の責務として家庭と同様の環境における養育の推進が明記された。

　社会的養護における代替養育は、図表14-1-2のように施設入所や小規模住居型児童養育事業・里親、さらに養子縁組制度となっている。加えて、障がい児の施設利用については契約と措置の2通りとなっており、児童相談所が必要と判断した場合については、児童福祉法第27条第1項第3号の措置による利用を行っている。

図表 14-1-1　家庭と同様の環境における養育の推進

	良好な家庭的環境	家庭と同様の養育環境	家庭
	施設 → 施設（小規模型）	養子縁組（特別養子縁組を含む）／小規模住居型児童養育事業／里親	実親による養育

児童養護施設
大舎（20人以上）、中舎（13から9人）、小舎（12人以下）
1歳から18歳未満
（必要な場合0歳〜20歳未満）

乳児院
乳児（0歳）
必要な場合幼児（小学校就学前）

地域小規模児童養護施設（グループホーム）
本体施設の支援の下で地域の民間住宅などを活用して家庭的養護を行う

小規模グループケア（分園型）
・地域において、小規模なグループで家庭的養護を行う
・1グループ6〜8人
（乳児院は4〜6人）

小規模住居型児童養育事業（ファミリーホーム）
・養育者の住居で養育を行う家庭養護
・定員5〜6人

里親
・家庭における養育を里親に委託する家庭養護
・児童4人まで

（「社会的養育の推進に向けて」厚生労働省子ども家庭局家庭福祉課　平成29年12月）

図表 14-1-2　社会的養護の現状

施　設	児童養護施設	乳児院	児童自立支援施設	母子生活支援施設	児童心理治療施設	自立援助ホーム
法的根拠	児童福祉法第41条	児童福祉法第37条	児童福祉法第44条	児童福祉法第38条	児童福祉法第43条の2	児童福祉法第6条の3第1項
対象児童	保護者のない児童、虐待されている児童その他環境上養護を要する児童（特に必要な場合は、乳児を含む）	乳児（特に必要な場合は、幼児を含む）	不良行為をなし、またはなすおそれのある児童及び家庭環境その他の環境上の理由により生活指導等を要する児童	配偶者のない女子またはこれに準ずる事情にある女子及びその者の監護すべき児童	家庭環境、学校における交友関係その他の環境上の理由により社会生活への適応が困難となった児童	義務教育を終了した児童であって、児童養護施設等を退所した児童等
施設数	615か所	138か所	58か所	232か所	46か所	143か所
定　員	32,605人	3,895人	3,686人	4,779世帯	2,049人	934人
現　員	26,449人	2,801人	1,395人	3,330世帯 児童5,479人	1,399人	516人
職員総数	17,137人	4,793人	1,743人	2,080人	1,165人	604人
主な職員	児童指導員・保育士、家庭支援専門相談員、心理療法担当職員	看護師、保育士、家庭支援専門相談員、心理療法担当職員、里親支援専門相談員	児童自立支援専門員、児童生活支援員、家庭支援専門相談員、心理療法担当職員	母子支援員、少年指導員、調理員、心理療法担当職員	医師（精神科または小児科）、心理療法担当職員、児童指導員・保育士、看護師、個別対応職員、家庭支援専門相談員	指導員、管理者
主な入所方式	児童相談所による措置	児童相談所による措置	児童相談所による措置 家庭裁判所による送致	福祉事務所による利用契約	児童相談所による措置	本人の申し込みに基づき、児童相談所による措置

里親	養育里親	専門里親	養子縁組里親	親族里親
対象児童	要保護児童	次に挙げる要保護児童のうち、都道府県知事がその養育に関し特に支援が必要と認めたもの。①児童虐待等の行為により心身に有害な影響を受けた児童、②非行等の問題を有する児童、③身体障害、知的障害または精神障害がある児童	要保護児童	次の要件に該当する要保護児童。①当該親族里親に扶養義務のある児童、②児童の両親その他当該児童を現に監護する者が死亡、行方不明、拘禁、入院等の状態となったことにより、これらの者により、養育が期待できないこと*
登録里親数	9,073 世帯	689 世帯	3,798 世帯	526 世帯
委託里親数	3,180 世帯	167 世帯	309 世帯	513 世帯
委託児童数	3,943 人	202 人	301 人	744 人

*②には、虐待や精神疾患により養育できない場合なども含む

小規模住居型児童養育事業（ファミリーホーム）	養育者の住居において家庭養護を行う (定員 5～6 名)
対象児童	要保護児童
ホーム数	313 か所
委託児童数	1,356 人

※里親数、FH ホーム数、委託児童数、乳児院・児童養護施設の施設数・定員・現員は、福祉行政報告例（平成 29 年 3 月末現在）
※他の施設数、ホーム数（FH 除く）、定員、現員数は、家庭福祉課調べ（平成 28 年 10 月 1 日現在）（*乳児院・児童養護施設除く）
※職員数（自立援助ホームを除く）は、社会福祉施設等調査報告（平成 28 年 10 月 1 日現在）
※自立援助ホームの職員数は、家庭福祉課調べ（平成 28 年 3 月 1 日現在）

（「社会的養護の現状について（参考資料）」「社会的養育の推進に向けて」厚生労働省 平成 29 年 12 月に、筆者加筆）

2 社会的養護制度（児童養護施設）

　児童養護施設は、家庭に代わる代替養育の場として、主に児童指導員、保育士によって安定した生活を過ごせるように支援を行う施設である。入所児童は地域の小・中学校、高校等に通学して教育を受ける。近年では施設から大学等に進学する事例も増えてきている。

　入所事由では被虐待児童が半数以上を占め、虐待の影響からの回復に向けた支援や親子

関係の再構築に向けた支援が重要となっている。そのため心理士や家庭支援専門相談員等が配置され、個々の自立支援計画が児童相談所との協業により策定されるなど、集団養育から個々のアセスメントに基づく個別養育のための専門性が高まってきている。さらに施設を退所してからのアフターケアのあり方やその充実強化も進められている。施設形態についても、小規模化、地域分散化の方針により、小舎制またはユニット制、施設内グループケアや地域小規模児童養護施設等、より家庭に近い形態を目指す方向に変化してきている。また、里親支援専門相談員を配置している施設も増え、児童相談所との連携の中で里親や特別養子縁組の推進や支援といった役割も期待されている。

❸ 社会的養護制度（乳児院）

　乳児院は、さまざまな理由で保護を必要とする乳児を集団生活の中で、保育士、看護師等の専門職員が、24時間、濃密な養育を行う施設である。児童相談所からの入所措置だけでなく、乳幼児の一時保護委託も行っている。

　乳児院入所理由の第1位は児童虐待で、第2位は精神疾患等の親の疾病となっている。また何らかの疾病を抱えていて、家庭で暮らすことが困難なために、病院からそのまま乳児院に入所する病虚弱児も多い。退所先の第1位は、家庭復帰である。家庭支援専門相談員を中心に、家庭が所在する市区町村の担当者と連携し、家庭で暮らせるための状況を整えて家庭復帰につなげ、復帰後もアフターケアとして支援を継続している。家庭復帰が困難なケースは、里親委託や養子縁組を検討し、候補となった里親や養親と子どもとの関係調整等を目的に支援を行っていく。里親や養親支援の充実強化は日本の大きな課題であり、この点において乳児院への期待は大きい。

　また乳幼児に関する相談事業やショートステイ事業やひろば事業等、地域の子育て支援にも、乳児院は積極的に携わっている。

　乳幼児の養育、乳幼児の緊急一時保護、親子関係調整、里親・養親支援、地域の子育て支援等、乳児院の多機能化が進みつつあり、地域における周産期親子支援の中心機関のひとつとして期待されている。

④ 社会的養護制度（児童自立支援施設）

　児童自立支援施設は、唯一、都道府県に設置義務のある児童福祉施設である。かつての名称は教護院で、1998年の児童福祉法改正に伴い、対象児童の拡大や学校教育の実施とともに、児童自立支援施設に改称された。入所児童は、窃盗、家出、浮浪、暴力（傷害）、恐喝、また、近年は性非行（加害も被害もある）等の反社会的、非社会的な行動上の問題や失敗を繰り返した子どもたちである。その背景には虐待やDVの影響等の経験による愛着障害や、発達障害等によるコミュニケーションの問題とともに、離婚、貧困、犯罪、障がい等、保護者や家庭の問題等が複雑に絡み合っている。

　入所経路は二つあり、一つは児童相談所の決定によるもので、一時保護等をされた児童の非行の程度や家庭環境等を理由に児童福祉施設に入所措置（他施設の措置変更も含む）する場合（保護者の同意が必要）。もう一つは家庭裁判所の決定によるもので、観護措置をとられた児童が家庭裁判所の少年審判により児童自立支援施設送致の保護処分により入所する場合（法的強制力が強く、保護者の同意は不要）がある。近年は家庭裁判所の決定により入所する児童が増えている。

　子どもを支援する体制は、夫婦、または固定化した職員が児童と起居を共にしながら、枠のある生活を基盤とした家庭的な雰囲気の中で、職員と子ども、子ども同士等の関係性を重視した共生教育（共育）を目的として「育て直し」の支援を行っている。なお、学齢児は、原則、施設内学校で学校教育を受けている。

⑤ 社会的養護制度（母子生活支援施設）

　母子生活支援施設は、「配偶者のない女子又はこれに準ずる事情にある女子及びその者の監護すべき児童を入所させて、これらの者を保護するとともに、これらの者の自立の促進のためにその生活を支援し、あわせて退所した者について相談その他の援助を行うことを目的とする施設」（児童福祉法第38条）である。1997年の児童福祉法等の一部改正により、「母子寮」から「母子生活支援施設」と名称が改称され、目的も「保護する」から

「保護するとともに、自立を促進するためにその生活を支援する」となった。

　利用対象は母子世帯であり、入所理由は「夫などの暴力」がもっとも多く52.3％（平成28年度全国母子生活支援施設実態調査）、また、DV被害者等を受け入れる緊急一時保護を実施している施設が70.1％（155施設）となっており、母と子が共に生活をしつつ、共に支援を受けることができる施設として、DV被害者やDVを目撃するなど虐待の影響を受けた子どもたちへの回復や自立支援を目指した支援、良好な親子関係の育成に向けた支援を実施している。また地域のひとり親家庭の相談や支援の拠点としての機能を担う母子生活支援施設も増えてきている。

6 社会的養護制度（児童心理治療施設）

　2017年の児童福祉法の改正で、それまで情緒障害児短期治療施設から児童心理治療施設と名称が変更された。過去は不登校児童の入所が多い施設であったが、2000年に児童虐待防止法が制定されて以降、虐待を受けた子どもの入所が急増し、現在は入所児童の7割以上を占めている。愛着障害、注意欠陥多動性障害、広汎性発達障害、素行障害、反抗挑戦性障害等の診断名がつく子どもたちが多いが、ほとんどが虐待等不適切な養育環境の影響を大きく受けている。抱えた課題による二次障害の防止、安心感・信頼感の獲得や愛着形成から始まる心的発達の回復、心的トラウマからの回復、不適切な認知や行動の修正と適切な社会的スキルの獲得等が支援の中心的課題となる。個々の包括的なアセスメントに基づき、日々の生活の中での治療的支援、グループ活動や個人心理面接等の治療的プログラム、さらに施設内学級等の学校教育等が統合され、支援は総合的に展開される。これが児童心理治療支援施設の治療的支援の特徴であり、総合環境療法と呼ぶ所以である。虐待を受けた子どもの治療的支援の必要性から、国は各都道府県に1か所以上の設置を求めている。児童虐待防止法が制定された2000年時に17か所だった児童心理治療施設（当時は情緒障害児短期治療施設）は、現在46か所にまで増えている。

7 社会的養護制度（里親）

里親制度は、児童福祉法第 27 条第 1 項第 3 号の規定に基づき、児童相談所が要保護児童の養育を委託する制度である。その種類は図表 14-7-1 となっている。

図表 14-7-1　里親の種類

	養育里親	専門里親	養子縁組里親	親族里親
登録の有効期間	5 年	2 年	5 年	―
養育できる要保護児童の最大人数	4 人	4 人（被虐待児・非行児・障害児は 2 人まで）	4 人	4 人
研修の受講義務	あり	あり	あり	必要に応じ
名簿登録	必須	必須	必須	任意
欠格要件	あり	あり	あり	あり
手当等　里親手当	あり	あり	なし	なし
手当等　一般生活費教育費 等	あり	あり	あり	あり

※里親が同時に養育する児童（実子・養子等を含む）は 6 人を超えることはできない。
（厚生労働省「児童福祉法等の一部を改正する法律（平成 28 年法律第 63 号）の概要」を筆者加筆）

里親認定の流れは、①里親となることを希望する者（以下、希望者）は、居住地の都道府県知事に対し、申請書を提出する。②都道府県は、希望者に対して、必要な研修を実施する。③児童相談所長は、児童福祉司等を希望者の家庭に派遣し、十分な調査を行い、都道府県知事に報告する。④都道府県知事は、適否につき都道府県児童福祉審議会の意見を聞き、決定する。

さらに、児童福祉法（第 11 条第 1 項第 2 号）では、里親の普及啓発から里親の選定及び里親と児童との間の調整並びに児童の養育に関する計画の作成までの一貫した里親支援を都道府県（児童相談所）の業務として位置づけた。

小規模住居型児童養育事業（ファミリーホーム）

小規模住居型児童養育事業（ファミリーホーム）は、児童福祉法第 6 条の 3 第 8 項の規

定に基づき、児童相談所が要保護児童を養育者に委託し、家庭に迎え入れて養育する家庭養護である。養育者等の配置は、養育者2名（配偶者）＋補助者1名、または養育者1名＋補助者2名で 養育者は、小規模住居型児童養育事業を行う住居に生活の本拠を置く者に限られている。

里親委託児の約30％、小規模住居型児童養育事業（ファミリーホーム）の委託児の約55％が被虐待の経験がある。

❽ 養子縁組制度

保護者からの分離が必要と児童相談所が判断する際や、社会的養護に措置中であっても、実父母や親族のもとへの家庭復帰が将来にわたって見込めない場合には、永続的解決の選択肢としての養子縁組の可能性を、児童相談所は検討しなければならない（児童相談所運営指針参照）。

要保護児童のための養子縁組としては、特別養子縁組と普通養子縁組の2種類がある。普通養子縁組は、養親希望者と養子になる者（15歳未満の場合は子どもの法定代理人、つまり親権者や親権代行者）双方の合意と戸籍届出により（未成年者養子の場合原則として家庭裁判所の許可が必要）成立し、実父母との扶養義務や相続権等の法的関係は残る。一方、特別養子縁組は、養親希望者の申立てによって家庭裁判所の審判で成立し、実父母との法的関係は終了する。特別養子縁組は、家庭裁判所の審判によって離縁が可能であるが、養親からの審判申立てはできない。要保護児童にとっては、法的に安定した永続的親子関係の保障という点から、特別養子縁組のほうが優っており、実父母からの影響を法的に受けないという利点もある（図表14-8-2）。特別養子縁組の実際の手続きにおいては、実父母が特別養子縁組に同意している場合に加えて、家庭裁判所がこれら要保護要件を認めた場合は、同意がなくても特別養子縁組が成立する（民法第817条）。

養子縁組成立後も、児童相談所の業務として、養子や養親への支援が児童福祉法上規定されており、居住する市区町村の母子保健や子育て支援サービス等が円滑に活用されるよう、市区町村と連携しつつ、必要な情報の提供、助言を行う。

図表 14-8-1　児童相談所運営指針（抜粋）

・児童相談所は、要保護児童対策の一環として、保護に欠ける子どもの養育について法的安定性を与える観点から、恒久的な養育環境を必要とする子どもについては、当該子どもが適合する養親を見出し、養子縁組を結べるよう積極的に取り組む必要がある。

図表14-8-2　普通養子縁組と特別養子縁組

	普通養子縁組	特別養子縁組
縁組の形式	契約型	審判型
縁組の成立	養親となる者と養子となる者との養子縁組の合意に基づいて市区町村に届出により成立。	家庭裁判所による特別養子縁組成立審判の確定により成立。審判確定後、10日以内に市区町村に届出。
養親となる者	成人であること。ただし、配偶者が未成年者を養子とする場合は夫婦で縁組をしなければならない。	法律婚の夫婦で、25歳以上であること。ただし、一方配偶者が25歳の場合、他方配偶者が20歳以上であればよい。
養子となる者	年齢による制限なし。ただし、養親となる者の年長者及び尊属は養子になれない。	特別養子縁組成立審判申立て時に6歳未満。ただし6歳に達する前から養親となる者に養育されていた場合は同申立て時に8歳未満であればよい。
家庭裁判所への申立て	（養子となる者が未成年者であるときは原則として、後見人が被後見人を養子とするときは必ず家庭裁判所の許可を要する。）養親となる者が、養子となる者の居住地を管轄する家庭裁判所へ未成年者養子縁組許可の申立て。ただし、自己または配偶者の直系卑属を養子とする場合は許可は不要。	養親となる者が、その居住地を管轄する家庭裁判所へ特別養子縁組の申立て。
保護要件	―	父母による監護が著しく困難または不適当であること、その他特別の事情がある場合で、子の利益のため特に必要があること。
試験養育	―	原則家庭裁判所への申立後、6か月以上の監護の状況の考慮。
父母の同意	養子となる者が15歳未満のときはその法定代理人が代諾する。この場合、法定代理人でない父母で養子となる者を監護すべき者がいるときは、その者（親権停止中の父母を含む。）の同意が必要。	父母の（法的な親子関係の終了することになる）同意が必要。父母の行方不明や父母による虐待、悪意の遺棄その他養子となる者の利益を著しく害する事由がある場合は家庭裁判所の判断による。
縁組の効力	養子は養親の嫡出子たる身分を取得し、養親の血族との間にも法的親族関係を生じる。	
実親との関係	養子と実父母・その血族との法的親族関係（相続・扶養に関する権利義務関係）の存続。	養子と実父母・その血族との法的親族関係（相続・扶養に関する権利義務関係）の終了。
離縁について	養親と養子（15歳未満の場合は、離縁後法定代理人になる者）との協議に基づく届出により成立。養親と養子との協議が調わないときは、家庭裁判所の調停や訴訟による。効果は、養親、その血族と養子らとの親族関係の終了。養子は、離縁によって縁組前の氏に復する。	家庭裁判所の特別養子離縁審判の確定により成立。審判確定後10日以内に戸籍届出。申立権者は、養子、実父母、検察官。養親は申立てできない。要件は、養親による養子に対する虐待・悪意の遺棄その他養子の利益を著しく害する事由があり、かつ実父母が相当の養育をすることができる状態にあるとき。効果は、養親、その血族と養子らとの親族関係の終了と特別養子縁組によって終了した親族関係の復活。

❾ 社会的養護における永続性・継続性を担保するソーシャルワークのあり方

　子ども時代から生涯にわたって継続する、心理的につながる家族関係や所属感を永続性と呼ぶ。特に法的な安定性を強調する場合には、法的永続性と呼ぶ。成人期に経験する失業や病気、離婚等さまざまなライフイベントに際して、安心して頼れる永続的な家族は重要なセーフティネットである。永続的な家族関係が保障されないことは、子ども時代の安定と安心にも大きな影響を与え、重要なセーフティネットを持たないまま社会的自立を強いられることを意味する。

　「児童の代替的養護に関する指針」において、代替養育を受けている子どもに関する決定は、全般にわたって永続性を重要な目標と定め、永続的な解決策（permanent solution）を見出すまでの間、代替養育のもっとも適切な形を特定し、確保することとしている（図表14-9-1）。また、児童相談所運営指針においても、「法的安定性を与える観点から、恒久的な養育環境を必要とする子どもに（略）、養子縁組を結べるよう積極的に取り組む必要がある」としている。

　子どもの永続性を担保するソーシャルワークという観点から、児童相談所が子どもを保護し代替養育に措置する際には、永続的解決を目標としなければならない。その実践する順位としては、児童相談所運営指針において、「まずは家庭復帰に向けた努力を最大限に行う必要があり、それが困難と判断された場合は、親族・知人による養育（親族里親、養育里親や養子縁組）を検討し、さらには特別養子縁組を検討し、これらが子どもにとって適当でないと判断された場合には、里親等への委託や児童福祉施設等への措置を検討すること」としている（児童相談所運営指針）。

　代替養育から永続的な養育環境に移ることは養育者の交代を意味し、子どもへの影響は大きい。「育てノート」「育ちアルバム」の活用等、子どもにとってケアが継続していることが実感でき安心できるような、子どものニーズにセンシティブなソーシャルワークが求められる。

図表 14-9-1　児童の代替的養護に関する指針（抜粋）

> 2. (a) 家族による養育のもとに子どもを留めるか、家族に戻すための努力を支援すること。それに失敗した場合は、養子縁組やイスラム法におけるカファーラなど、他の適切で永続的な解決策を見出す努力を支援すること。
> 　(b) そうした永続的な解決策を見出すまでの間、あるいはそれが不可能であったり、その子どもに最善の利益をもたらさない場合には、代替養育の最も適切な形を特定し、確保すること。ただし、その代替養育がその子の調和のとれた豊かな発達を促進することを条件とする。
> 12. 非公式養育を含め、代替養育を受けている子どもに関する決定は、全般にわたって永続性を重要な目標とし、その子どもに安定した家庭を保障すること、安全かつ養育者との継続的な愛着という基本的なニーズを満たすことの重要性を考慮すべきである。

10　社会的養護における権利擁護
（被措置児童等虐待、苦情解決、第三者評価）

　社会的養護における権利擁護は、国際連合の「児童の権利に関する条約」や、「児童の代替的養護に関する指針」をふまえ、「子どもの最善の利益」を優先し考慮することにある。自分がどのような権利を有し、選択肢があるのかを理解ができるようにするとともに、自由に意見が表明できることや、重要な決定に際しては、当事者が参画できるように支援を行っていくことが大切となっていく。その方法として「子どもの権利ノート」を活用することや、苦情受付の窓口の設置、第三者委員等の苦情解決の仕組みを整えることも必要となる。加えて、社会的養護関係施設は、措置制度に基づいた利用方式（母子生活支援施設を除く）であり、また、施設長による親権代行等の規定や、被虐待児等が増加、施設運営の質の向上が必要なことから、2012年より3年に1度以上の第三者評価の受審及びその結果の公表が義務づけられている。また、毎年、第三者評価基準に従って自己評価を行わなければならないようになった。

　さらに、さまざまな理由により、家庭での養育が困難なため、施設や里親に入所措置等をされた子どもに対して、施設職員等が行う被措置児童等虐待を防止するため、2008年に改正された児童福祉法により、「被措置児童等虐待対応ガイドライン」が作成されている。社会的養護の関係者が権利擁護の観点をしっかり持ち、虐待の発生予防から早期発見、迅速な対応、再発防止等のための取り組みを総合的に進めていく必要がある。

図表 14-10-1　被措置児童等虐待の対象となる行為

「被措置児童等虐待対応ガイドライン」では以下の行為を指す。
①被措置児童等の身体に外傷が生じ、又は生じるおそれのある暴行を加えること。
②被措置児童等にわいせつな行為をすること又は被措置児童等をしてわいせつな行為をさせること。
③被措置児童等の心身の正常な発達を妨げるような著しい減食又は長時間の放置、同居人若しくは生活を共にする他の児童による前二号又は次号に掲げる行為の放置その他の施設職員等としての養育又は業務を著しく怠ること。
④被措置児童等に対する著しい暴言又は著しく拒絶的な対応その他の被措置児童等に著しい心理的外傷を与える言動を行うこと。

（「被措置児童等虐待対応ガイドラインについて（通知）」雇児福発第 0331002 号、障障発第 0331009 号、平成 21 年 3 月 31 日）

図表 14-10-2　被措置児童等虐待対応の流れ（イメージ）

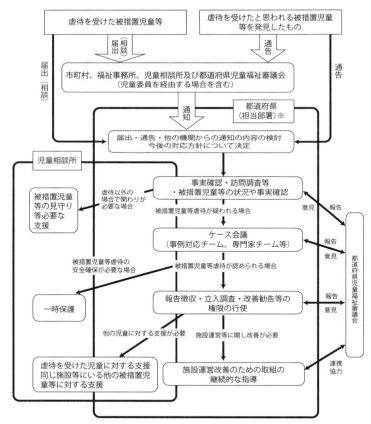

※都道府県において担当の主担当となる担当部署を定めておくことが必要です。

（「被措置児童等虐待対応ガイドラインについて（通知）」雇児福発第 0331002 号、障障発第 0331009 平成 21 年 3 月 31 日）

11 生活支援と治療的養育

　社会的養護を必要とする子どもは、過酷な養育環境の中で外傷的な出来事を繰り返し経験している。その影響は愛着形成をはじめとした心的発達の阻害、心的な機能の低下や不全、対人関係の問題等に及んでいる。また性と暴力に関する不適切な認識や行動パターンを養育者から学んでしまっている子どももいる。支援を行うにあたっては、個々の子どもに対して、生活の中での行動観察、生育歴、家族の状況等の情報をもとに包括的なアセスメントを行い、その子どもに適した援助方針と具体的な手立てを見出すことが重要となる。

　ここで必要となるのが、治療的視点を組み込んだ養育の考え方である。抱えた課題による二次障害の防止と安心・安全な生活環境の構築、愛着形成不全等の阻害された心的発達の補償、心的トラウマからの回復に向けた支援、不適切な認知や行動の修正的アプローチ、施設入所等に伴う環境の変化や変更に伴う喪失や混乱への手立て、人生の連続性と肯定的な自分史の構築に向けた支援等が治療的養育のテーマとなろう。心理療法等、子どもの抱えた課題に応じた特別な治療プログラムが実施される場合は、生活の中の治療的養育と乖離することなく、統合された展開が必須となる。このためには、施設内のさまざまな専門職が、アセスメントを共有し、協働して支援にあたるのはもちろんのこと、児童相談所や外部の医療機関との連携も重要となる。子どもの状態によっては、施設外の治療相談機関の利用、さらには服薬や入院治療も組み入れた総合的なアプローチが必要となる。

12 年長児童の自立支援のあり方

　自立とは孤立とは異なり、社会生活を主体的に営んでいくことを指し、適切な依存がその前提となる。児童福祉法における「児童」の定義は18歳までであり、措置権者である児童相談所は、少なくともこの年齢までは守られた環境での成長を保障することが責務となる。実情としては、児童養護施設等で暮らす子どもが義務教育終了後に高校等に就学していなければ措置解除にいたることも多い。しかし、国も措置延長の活用を促しており、

子どもたちが自立生活能力のないまま社会に出ることがないように留意したい。さらに、社会的養護自立支援事業によって、措置解除後も個々の状況に応じて22歳まで必要な支援を実施することが定められた。子どもたちの中には複雑な生育史を抱えている者もいるため、措置解除後も障害者支援、生活困窮者支援、生活保護、特定妊婦等、さまざまな福祉サービスの利用を必要とする場面がある。したがって、措置解除後も関係機関で協働しながら、子ども自身も含めて支援計画を立て、地域の中で自立的に生活を送ることができるよう支援の継続が求められる。

13 社会的養護と児童相談所等の関係機関との連携

　里親や児童福祉施設に委託、入所した児童への支援は、里親や施設だけでは困難で、委託、措置を判断した児童相談所を中心に教育機関や保健、医療機関等と連携が必須となる。さらに子どものニーズに応じて地域のさまざまなサービス資源を活用することになる。

　また委託、入所した児童の親子関係再構築支援のためには、家族への支援が重要となる。このためには家族が在住する市区町村の資源の活用は欠くことのできない要件となる。家族在住の市区町村と代替養育の場が、児童相談所を中心に連携、協働して家族支援を展開していくことが基本である。

14 移行期ケアのあり方

　里親や施設への委託・入所は、生活環境が大きく変化することであり、不安や恐怖、疑問や戸惑いを伴うのが普通である。こうした気持ちを受け止め、委託入所前に、委託や入所の理由とこれからの生活の見通しについての丁寧な説明は必須である。また入所前に里親宅や施設への訪問等、里親や施設職員と出会い、交流する場を設けるなどして、新たな生活に少しでも馴染んでいけるよう支援することが重要である。

また里親委託や施設入所は、それまでの人生の連続性を分断し、大きな喪失体験となる可能性がある。子どものそれまでの人生史を理解して、子どもの育ちを支えてきた人やもの、活動等を引き継ぎ、継続できるよう配慮した支援が重要となる。

　以上のことは、施設の措置変更や施設から里親に委託する場合も同様である。移行期に伴う不安や戸惑い、喪失体験等への配慮ある支援は、その後の里親や施設での回復と健全な育ちを保障する上で極めて重要である。

ファミリーソーシャルワーク及び家庭復帰支援のあり方

　里親や施設に委託入所となった子どもと家族に対して、親子関係再構築に向けた支援が必須となる。これはファミリーソーシャルワークの主要な目的の一つである。親子関係再構築支援は、親子関係の改善を図り、家庭復帰を目指すが、たとえ家庭復帰がかなわなくとも、面会交流等、家族との安定的な関わりの継続を支え、よりよい関係構築を模索し続けなくてはならない。

　家族の生活歴や経過を把握し、保護者をエンパワーしながら、家族のニーズに沿って支援を実施することになる。これを効果的に展開するためには、里親や施設、児童相談所、家族が居住する市区町村と連携して、それぞれの支援機関が役割を担い合い、統合された支援の展開が必要である。

引用・参考文献

〈科目のねらい〉「市町村子ども家庭支援指針」（ガイドライン）雇児発0331第47号　平成29年3月31日。
◆「社会的養育の推進に向けて」厚生労働省子ども家庭局家庭福祉課　平成29年12月。
　「児童相談所運営指針」第4章第4節「5障害児施設の利用契約」子発1025第1号　平成30年10月25日。
　「社会的養護の現状について（参考資料）」厚生労働省　平成29年12月。
❸『改訂新版 乳児院養育指針』全国社会福祉協議会・全国乳児福祉協議会　2015年。
❺「平成28年度全国母子生活支援施設実態調査報告書」全国社会福祉協議会・全国母子生活支援施設協議会　平成29年3月。
◆ 厚生労働省「児童福祉法等の一部を改正する法律（平成28年法律第63号）の概要」

http://www.mhlw.go.jp/file/05-Shingikai-11901000-Koyoukintoujidoukateikyoku-Soumuka/sankou2_5.pdf（2018 年 3 月 5 日閲覧）

「児童養護施設入所児童等調査結果（平成 25 年 2 月 1 日現在）」厚生労働省雇用均等・児童家庭局 平成 27 年 1 月。

「里親制度運営要綱」一部改正、雇児発 0331 第 35 号 平成 29 年 3 月 31 日。

「里親委託ガイドライン」一部改正，雇児発 0331 第 38 号 平成 29 年 3 月 31 日。

❾ 林浩康・藤林武史編「特集 要保護児童のパーマネンシー保障と特別養子縁組」日本子ども虐待防止学会編『子どもの虐待とネグレクト 19 巻 1 号』岩崎学術出版社 2017 年。

公益社団法人家庭養護促進協会大阪事務所編・岩﨑美枝子監修『子どもの養子縁組ガイドブック——特別養子縁組・普通養子縁組の法律と手続き』明石書店 2013 年。

❿ 「社会的養護関係施設における第三者評価及び自己評価の実施について」雇児発第 0329 第 2 号、社援発第 0329 第 6 号 平成 24 年 3 月 29 日。

「被措置児童等虐待対応ガイドラインについて（通知）」雇児福発第 0331002 号、障障発第 0331009 号 平成 21 年 3 月 31 日。

⓬ 厚生省児童家庭局家庭福祉課監修『児童自立支援ハンドブック』日本児童福祉協議会 1998 年。

「児童養護施設等及び里親等の措置延長等について」雇児 1228 第 2 号 平成 23 年 12 月 28 日。

「社会的養護自立支援事業等の実施について」雇児発 0331 第 10 号 平成 29 年 3 月 31 日。

さらに深く学ぶ人のために

❶ 「新しい社会的養育ビジョン」新たな社会的養育の在り方に関する検討会 平成 29 年 8 月 2 日。

❷ 「児童養護施設運営指針」厚生労働省雇用均等・児童家庭局長通知 平成 24 年 3 月 29 日。

「改訂 児童養護施設の研修体系——人材育成のための指針」全国社会福祉協議会・全国児童養護施設協議会（児童養護施設の人材確保・育成・定着を図るための特別委員会）平成 29 年 3 月。

小木曽宏・宮本秀樹・鈴木崇之編『よくわかる社会的養護内容［第 3 版］（やわらかアカデミズム・わかるシリーズ）』ミネルヴァ書房 2015 年。

吉田眞理編著『児童の福祉を支える 演習 社会的養護内容［第 3 版］』萌文書林 2016 年。

❸ 「改訂 乳児院の研修体系——小規模化にも対応するための人材育成の指針」全国社会福祉協議会・全国乳児福祉協議会 平成 27 年 3 月。

「よりよい家庭養護の実現をめざして——チームワークによる家庭養護」全国社会福祉協議会・全国乳児福祉協議会 平成 27 年 5 月。

❹ 「児童自立支援施設運営指針」厚生労働省雇用均等児童家庭局長通知 平成 24 年 3 月 29 日。

「児童自立支援施設運営ハンドブック」厚生労働省雇用均等・児童家庭局家庭福祉課 平成 26 年 3 月。

相澤仁編集代表、野田正人編『施設における子どもの非行臨床——児童自立支援事業概論（やさしくわかる社会的養護 7）』明石書店 2014 年。

❺ 「私たちのめざす母子生活支援施設（ビジョン）報告書」全国社会福祉協議会・全国母子生活支援施設協議会・私たちのめざす母子生活支援施設(ビジョン)策定特別委員会 平成 27 年 5 月。

「母子生活支援施設の研修体系〜ひとり親家庭を支える人材の育成指針〜母子生活支援施設職員の生涯研修体系検討委員会報告書」全国社会福祉協議会・全国母子生活支援施設協議会 平成 29 年 3 月。

❻ 「情緒障害児短期治療施設運営指針」厚生労働省雇用均等・児童家庭局長通知 平成 24 年 3 月 29 日。

滝川一廣他・全国情緒障害児短期治療施設協議会編『子どもの心をはぐくむ生活——児童心理治療施設の総合環境療法』東京大学出版会 2016 年。

- ◆ 庄司順一・鈴木力・宮島清編『里親養育と里親ソーシャルワーク（社会的養護シリーズ1）』福村出版 2011年。
- ◆ Anthony, N. Maluccio, Edith Fein, and Kathleen A. Olmstead, *Permanency Planning for Children: Concepts and Methods*, New York: Tavistock Publications, 1986.

  Peter J. Pecora, James K. Whittaker, Anthony N. Maluccio, and Richard P. Barth, The *Child Welfare Challenge: Policy, Practice, and Research* (Modern Applications of Social Work Series), Routledge, 2009. ※2018年8月に改訂版を発行予定。

  Richard P. Barth, Mark Courtney, Jill Duerr Berrick, and Vicky Albert, *From Child Abuse to Permanency Planning: Child Welfare Services, Pathways, and Placements* (Modern Applications of Social Work Series), Routledge, 1994.

  畠山由佳子著『子ども虐待在宅ケースの家族支援――「家族維持」を目的とした援助の実態分析』明石書店 2015年。

  厚生労働省「社会的養護における「育ち」「育て」を考える研究会」
  http://www.mhlw.go.jp/sisetu/musashino/22/syakai/sodachi2307.html（2018年3月5日閲覧）

- ⓫ B. ベッテルハイム著、村瀬孝雄・村瀬嘉代子訳『愛はすべてではない』誠信書房 1968年。

  アルバート・E. トリーシュマン、ジェームズ・K. ウィタカー、ラリー・K. ブレンドロー著、西澤哲訳『生活の中の治療――子どもと暮らすチャイルド・ケアワーカーのために』中央法規出版 1992年。

  田中康雄編『児童生活臨床と社会的養護――児童自立支援施設で生活するということ』金剛出版 2012年。

  増沢高・青木紀久代編著『社会的養護における生活臨床と心理臨床』福村出版 2012年。

  数井みゆき・遠藤利彦編著『アタッチメントと臨床領域』ミネルヴァ書房 2007年。

  西澤哲著『トラウマの臨床心理学』金剛出版 1999年。

- ⓬ 東京都社会福祉協議会児童部会リービングケア委員会編『Leaving Care（リービングケア）――児童養護施設職員のための自立支援ハンドブック』東京都社会福祉協議会 2008年。

  永野咲著『社会的養護のもとで育つ若者の「ライフチャンス」――選択肢とつながりの保障、「生の不安定さ」からの解放を求めて』明石書店 2017年。

- ⓭ 「児童相談所運営指針」児発第133号 平成2年3月5日、子発1025第1号 平成30年10月25日。

  「市町村子ども家庭支援指針」（ガイドライン）雇児発0331第47号 平成29年3月31日、子発0720第7号 平成30年7月20日。

- ⓮ 「児童相談所運営指針」児発第133号 平成2年3月5日、子発1025第1号 平成30年10月25日。

  「市町村子ども家庭支援指針」（ガイドライン）雇児発0331第47号 平成29年3月31日、子発0720第7号 平成30年7月20日。

- ⓯ 相澤仁・宮島清編『家族支援と子育て支援――ファミリーソーシャルワークの方法と実践（やさしくわかる社会的養護5）』明石書店 2013年。

資料集

- ◆ 児童の権利に関する条約 …………………………………………… 158
- ◆ 国際連合「児童の代替的養護に関する指針」 ………………… 160
- ◆ 児童福祉法 …………………………………………………………… 161
- ◆ 少年法 ………………………………………………………………… 163
- ◆ 児童虐待の防止等に関する法律 ………………………………… 166
- ◆ 要保護児童対策地域協議会設置・運営指針について ………… 168
- ◆ 児童相談所運営指針 ……………………………………………… 170
- ◆「市町村子ども家庭支援指針」（ガイドライン）……………… 173
- ◆ 子ども虐待対応の手引き（平成25年8月　改正版）………… 179
- ◆ 子育て世代包括支援センター業務ガイドライン ……………… 183
- ◆「市区町村子ども家庭総合支援拠点」設置運営要綱 ………… 185

＊目次や見出しのみ掲載

本文中の法律は、下記のような通称を使用する。（2019年3月末現在）

通称	正式名称	最新改正年度
児童虐待防止法	児童虐待の防止等に関する法律 （平成12年法律第82号）	平成29年6月21日公布 （平成29年法律第69号）改正
障害者総合支援法	障害者の日常生活及び社会生活を総合的に支援するための法律 （平成17年法律第123号）	平成29年6月2日公布 （平成29年法律第52号）改正
子ども・子育て関連3法	子ども・子育て支援法 （平成24年法律第65号）	平成29年6月2日公布 （平成29年法律第52号）改正
	就学前の子どもに関する教育、保育等の総合的な提供の推進に関する法律の一部を改正する法律 （平成24年法律第66号）	平成29年4月26日公布 （平成29年法律第25号）改正
	子ども・子育て支援法及び就学前の子どもに関する教育、保育等の総合的な提供の推進に関する法律の一部を改正する法律の施行に伴う関係法律の整備等に関する法律 （平成24年法律第67号）	平成28年6月3日公布 （平成28年法律第63号）改正

▶児童の権利に関する条約

前文

第1部
第1条（児童の定義）
第2条（差別の禁止）
第3条（児童に対する措置の原則）
第4条（締約国の義務）
第5条（父母等の責任、権利及び義務の尊重）
第6条（生命に対する固有の権利）
第7条（登録、氏名及び国籍等に関する権利）
第8条（国籍等身元関係事項を保持する権利）
第9条（父母からの分離についての手続き及び児童が父母との接触を維持する権利）
第10条（家族の再統合に対する配慮）
第11条（児童の不法な国外移送、帰還できない事態の除去）
第12条（意見を表明する権利）
第13条（表現の自由）
第14条（思想、良心及び宗教の自由）
第15条（結社及び集会の自由）
第16条（私生活等に対する不法な干渉からの保護）
第17条（多様な情報源からの情報及び資料の利用）
第18条（児童の養育及び発達についての父母の責任と国の援助）
第19条（監護を受けている間における虐待からの保護）
第20条（家庭環境を奪われた児童等に対する保護及び援助）
第21条（養子縁組に際しての保護）
第22条（難民の児童等に対する保護及び援助）
第23条（心身障害を有する児童に対する特別の養護及び援助）
第24条（健康を享受すること等についての権利）
第25条（児童の処遇等に関する定期的審査）
第26条（社会保障からの給付を受ける権利）
第27条（相当な生活水準についての権利）
第28条（教育についての権利）
第29条（教育の目的）
第30条（少数民族に属し又は原住民である児童の文化、宗教及び言語についての権利）
第31条（休息、余暇及び文化的生活に関する権利）

第 32 条（経済的搾取からの保護、有害となるおそれのある労働への従事から保護される権利）
第 33 条（麻薬の不正使用等からの保護）
第 34 条（性的搾取、虐待からの保護）
第 35 条（児童の誘拐、売買等からの保護）
第 36 条（他のすべての形態の搾取からの保護）
第 37 条（拷問等の禁止、自由を奪われた児童の取扱い）
第 38 条（武力紛争における児童の保護）
第 39 条（搾取、虐待、武力紛争等による被害を受けた児童の回復のための措置）
第 40 条（刑法を犯したと申し立てられた児童等の保護）
第 41 条（締約国の法律及び締約国について有効な国際法との関係）

第 2 部
第 42 条（条約の広報）
第 43 条（児童の権利委員会の設置）
第 44 条（報告の提出義務）
第 45 条（児童の権利委員会の任務）

第 3 部
第 46 条（署名）
第 47 条（批准）
第 48 条（加入）
第 49 条（効力発生）
第 50 条（改正）
第 51 条（留保）
第 52 条（廃棄）
第 53 条（寄託者）
第 54 条（正文）

（出典）外務省資料
　　（日本語訳の見出しは、条約の理解と検索の便に供するために、参考として附したものである）
　　http://www.mofa.go.jp/mofaj/gaiko/jido/midashi.html

▶国際連合 「児童の代替的養護に関する指針」

Ⅰ．目的

Ⅱ．一般原則及び展望
　　A．児童とその家族
　　B．代替的養護

Ⅲ．指針の範囲

Ⅳ．代替的養護の必要性の予防
　　A．親による養護の促進
　　B．家族への復帰の促進

Ⅴ．養護の提供の枠組

Ⅵ．最適な養護の形態の決定

Ⅶ．代替的養護の提供
　　A．政策
　　B．児童に対する法的責任
　　C．施設養護
　　D．検査及び監視
　　E．アフターケアに対する支援

Ⅷ．児童の通常居住する国以外での養護提供
　　A．児童の海外への養護委託
　　B．すでに海外にいる児童への養護提供

Ⅸ．緊急事態における養護
　　A．指針の適用
　　B．養護の取り決め
　　C．追跡及び家庭への復帰

（出典）厚生労働省雇用均等・児童家庭局家庭福祉課仮訳
　　　　http://www.mhlw.go.jp/bunya/kodomo/syakaiteki_yougo/dl/yougo_genjou_16.pdf

▶児童福祉法（昭和22年法律第164号）

最終更新：平成29年6月23日公布（平成29年法律第71号）改正

（目次）

第1章　総則（第1条-第3条）
　第1節　国及び地方公共団体の責務（第3条の2・第3条の3）
　第2節　定義（第4条-第7条）
　第3節　児童福祉審議会等（第8条・第9条）
　第4節　実施機関（第10条-第12条の6）
　第5節　児童福祉司（第13条-第15条）
　第6節　児童委員（第16条-第18条の3）
　第7節　保育士（第18条の4-第18条の24）

第2章　福祉の保障
　第1節　療育の指導、小児慢性特定疾病医療費の支給等
　　第1款　療育の指導（第19条）
　　第2款　小児慢性特定疾病医療費の支給
　　　第1目　小児慢性特定疾病医療費の支給（第19条の2-第19条の8）
　　　第2目　指定小児慢性特定疾病医療機関（第19条の9-第19条の21）
　　　第3目　小児慢性特定疾病児童等自立支援事業（第19条の22）
　　第3款　療育の給付（第20条-第21条の3）
　　第4款　雑則（第21条の4・第21条の5）
　第2節　居宅生活の支援
　　第1款　障害児通所給付費、特例障害児通所給付費及び高額障害児通所給付費の支給（第21条の5の2-第21条の5の14）
　　第2款　指定障害児通所支援事業者（第21条の5の15-第21条の5の24）
　　第3款　業務管理体制の整備等（第21条の5の25-第21条の5の27）
　　第4款　肢体不自由児通所医療費の支給（第21条の5の28-第21条の5の31）
　　第5款　障害児通所支援及び障害福祉サービスの措置（第21条の6・第21条の7）
　　第6款　子育て支援事業（第21条の8-第21条の17）
　第3節　助産施設、母子生活支援施設及び保育所への入所等（第22条-第24条）
　第4節　障害児入所給付費、高額障害児入所給付費及び特定入所障害児食費等給付費並びに障害児入所医療費の支給
　　第1款　障害児入所給付費、高額障害児入所給付費及び特定入所障害児食費等給付費の支給

　　　　（第24条の2-第24条の8）
　　　第2款　指定障害児入所施設等（第24条の9-第24条の19）
　　　第3款　業務管理体制の整備等（第24条の19の2）
　　　第4款　障害児入所医療費の支給（第24条の20-第24条の23）
　　　第5款　障害児入所給付費、高額障害児入所給付費及び特定入所障害児食費等給付費並びに
　　　　　　障害児入所医療費の支給の特例（第24条の24）
　　第5節　障害児相談支援給付費及び特例障害児相談支援給付費の支給
　　　第1款　障害児相談支援給付費及び特例障害児相談支援給付費の支給（第24条の25-第24
　　　　　　条の27）
　　　第2款　指定障害児相談支援事業者（第24条の28-第24条の37）
　　　第3款　業務管理体制の整備等（第24条の38-第24条の40）
　　第6節　要保護児童の保護措置等（第25条-第33条の9の2）
　　第7節　被措置児童等虐待の防止等（第33条の10-第33条の17）
　　第8節　雑則（第34条・第34条の2）

第3章　事業、養育里親及び養子縁組里親並びに施設（第34条の3-第49条）

第4章　費用（第49条の2-第56条の5）

第5章　国民健康保険団体連合会の児童福祉法関係業務（第56条の5の2-第56条の5の4）

第6章　審査請求（第56条の5の5）

第7章　雑則（第56条の6-第59条の8）

第8章　罰則（第60条-第62条の7）

附則

（出典）
電子政府総合窓口
http://elaws.e-gov.go.jp/search/elawsSearch/elaws_search/lsg0500/detail?lawId=322AC0000000164

▶**少年法**（昭和 23 年法律第 168 号）

最終更新：平成 28 年 6 月 3 日公布（平成 28 年法律第 63 号）改正

（目次）
第 1 条 （この法律の目的）
第 2 条 （少年、成人、保護者）
第 3 条 （審判に付すべき少年）
第 4 条 （判事補の職権）
第 5 条 （管轄）
第 5 条の 2 （被害者等による記録の閲覧及び謄写）
第 5 条の 3 （閲覧又は謄写の手数料）
第 6 条 （通告）
第 6 条の 2 （警察官等の調査）
第 6 条の 3 （調査における付添人）
第 6 条の 4 （呼出し、質問、報告の要求）
第 6 条の 5 （押収、捜索、検証、鑑定嘱託）
第 6 条の 6 （警察官の送致等）
第 6 条の 7 （都道府県知事又は児童相談所長の送致）
第 7 条 （家庭裁判所調査官の報告）
第 8 条 （事件の調査）
第 9 条 （調査の方針）
第 9 条の 2 （被害者等の申出による意見の聴取）
第 10 条 （付添人）
第 11 条 （呼出、同行）
第 12 条 （緊急の場合の同行）
第 13 条 （同行状の執行）
第 14 条 （証人尋問・鑑定・通訳・翻訳）
第 15 条 （検証、押収、捜索）
第 16 条 （援助、協力）
第 17 条 （観護の措置）
第 17 条の 2 （異議の申立て）
第 17 条の 3 （特別抗告）
第 17 条の 4 （少年鑑別所送致の場合の仮収容）
第 18 条 （児童福祉法の措置）

第19条　（審判を開始しない旨の決定）

第20条　（検察官への送致）

第21条　（審判開始の決定）

第22条　（審判の方式）

第22条の2　（検察官の関与）

第22条の3　（国選付添人）

第22条の4　（被害者等による少年審判の傍聴）

第22条の5　（弁護士である付添人からの意見の聴取等）

第22条の6　（被害者等に対する説明）

第23条　（審判開始後保護処分に付しない場合）

第24条　（保護処分の決定）

第24条の2　（没取）

第25条　（家庭裁判所調査官の観察）

第25条の2　（保護者に対する措置）

第26条　（決定の執行）

第26条の2　（少年鑑別所収容の一時継続）

第26条の3　（同行状の執行の場合の仮収容）

第26条の4　（保護観察中の者に対する措置）

第27条　（競合する処分の調整）

第27条の2　（保護処分の取消し）

第28条　（報告と意見の提出）

第29条　（委託費用の支給）

第30条　（証人等の費用）

第30条の2

第31条　（費用の徴収）

第31条の2　（被害者等に対する通知）

第32条　（抗告）

第32条の2　（抗告裁判所の調査の範囲）

第32条の3　（抗告裁判所の事実の取調べ）

第32条の4　（抗告受理の申立て）

第32条の5　（抗告審における国選付添人）

第32条の6　（準用）

第33条　（抗告審の裁判）

第34条　（執行の停止）

第35条　（再抗告）

第36条　（その他の事項）

第37条　削除

第 38 条　削除

第 39 条　削除

第 40 条　（準拠法例）

第 41 条　（司法警察員の送致）

第 42 条　（検察官の送致）

第 43 条　（勾留に代る措置）

第 44 条　（勾留に代る措置の効力）

第 45 条　（検察官へ送致後の取扱い）

第 45 条の 2

第 45 条の 3 　（訴訟費用の負担）

第 46 条　（保護処分等の効力）

第 47 条　（時効の停止）

第 48 条　（勾留）

第 49 条　（取扱いの分離）

第 50 条　（審理の方針）

第 51 条　（死刑と無期刑の緩和）

第 52 条　（不定期刑）

第 53 条　（少年鑑別所収容中の日数）

第 54 条　（換刑処分の禁止）

第 55 条　（家庭裁判所への移送）

第 56 条　（懲役又は禁錮の執行）

第 57 条　（刑の執行と保護処分）

第 58 条　（仮釈放）

第 59 条　（仮釈放期間の終了）

第 60 条　（人の資格に関する法令の適用）

第 61 条　（記事等の掲載の禁止）

附　　則

（出典）

電子政府総合窓口

http://elaws.e-gov.go.jp/search/elawsSearch/elaws_search/lsg0500/detail?lawId=323AC0000000168&openerCode=1

▶児童虐待の防止等に関する法律（平成12年法律第82号）

最終更新： 平成29年6月21日公布（平成29年法律第69号）改正

第1条　（目的）
第2条　（児童虐待の定義）
第3条　（児童に対する虐待の禁止）
第4条　（国及び地方公共団体の責務等）
第5条　（児童虐待の早期発見等）
第6条　（児童虐待に係る通告）
第7条
第8条　（通告又は送致を受けた場合の措置）
第8条の2　（出頭要求等）
第9条　（立入調査等）
第9条の2　（再出頭要求等）
第9条の3　（臨検、捜索等）
第9条の4　（臨検又は捜索の夜間執行の制限）
第9条の5　（許可状の提示）
第9条の6　（身分の証明）
第9条の7　（臨検又は捜索に際しての必要な処分）
第9条の8　（臨検等をする間の出入りの禁止）
第9条の9　（責任者等の立会い）
第10条　（警察署長に対する援助要請等）
第10条の2　（調書）
第10条の3　（都道府県知事への報告）
第10条の4　（行政手続法の適用除外）
第10条の5　（審査請求の制限）
第10条の6　（行政事件訴訟の制限）
第11条　（児童虐待を行った保護者に対する指導等）
第12条　（面会等の制限等）
第12条の2
第12条の3
第12条の4
第13条　（施設入所等の措置の解除等）
第13条の2　（施設入所等の措置の解除時の安全確認等）

第13条の3　（児童虐待を受けた児童等に対する支援）

第13条の4　（資料又は情報の提供）

第13条の5　（都道府県児童福祉審議会等への報告）

第14条　（親権の行使に関する配慮等）

第15条　（親権の喪失の制度の適切な運用）

第16条　（延長者等の特例）

第17条　（大都市等の特例）

第18条　（罰則）

第19条

附　則

（出典）
電子政府総合窓口
http://elaws.e-gov.go.jp/search/elawsSearch/elaws_search/lsg0500/detail?lawId=412AC1000000082&openerCode=1

▶要保護児童対策地域協議会設置・運営指針について

雇児発第 0225001 号　平成 17 年 2 月 25 日
雇児発 0331 第 46 号　平成 29 年 3 月 31 日改正

(目次)
第 1 章　要保護児童対策地域協議会の基本的な考え方
　1.　要保護児童対策地域協議会とは
　2.　要保護児童対策地域協議会の意義
　3.　児童福祉法における過去の改正経過
　4.　支援対象者
　5.　児童福祉法第 10 条の 2 に規定する市区町村子ども家庭総合支援拠点との関係

第 2 章　要保護児童対策地域協議会の運営方法等
　1.　設置主体
　2.　構成員
　3.　設置準備
　4.　公示

第 3 章　要保護児童対策地域協議会の機能
　1.　業務内容
　2.　相談から支援に至るまでの流れ
　3.　関係機関に対する協力要請
　4.　関係するネットワーク等
　5.　支援の終結
　6.　転居への対応

第 4 章　要保護児童対策調整機関
　1.　趣旨
　2.　調整機関の指定
　3.　調整機関の職員
　4.　調整担当者に求められる専門性
　5.　調整機関の業務
　6.　養育支援訪問事業等との関係

第 5 章　守秘義務
  1. 趣旨
  2. 守秘義務の適用範囲
  3. 罰則

第 6 章　支援対象児童等への対応上の留意事項
  1. 要保護児童について
  2. 要支援児童について
  3. 特定妊婦について
  4. 地域協議会における要支援児童等（特定妊婦を含む）に係る適切な情報提供及び支援の周知について
  5. その他支援が必要な子どもについて

第 7 章　その他

（出典）
厚生労働省雇用均等・児童家庭局長通知
http://www.mhlw.go.jp/file/06-Seisakujouhou-11900000-Koyoukintoujidoukateikyoku/0000161701.pdf

▶児童相談所運営指針

児発第 133 号　平成 2 年 3 月 5 日
子発 1025 第 1 号　平成 30 年 10 月 25 日

（目次）
第 1 章　児童相談所の概要
　第 1 節　児童福祉法の理念
　第 2 節　児童相談所の性格と任務
　第 3 節　児童相談所の業務
　第 4 節　相談の種類とその対応
　第 5 節　援助指針（援助方針）の重要性
　第 6 節　関係機関との協働・連携・役割分担の重要性

第 2 章　児童相談所の組織と職員
　第 1 節　組織の標準
　第 2 節　各部門の業務分担
　第 3 節　職員構成
　第 4 節　各職員の職務内容
　第 5 節　職員の資格、研修等

第 3 章　相談、調査、診断、判定、援助決定業務
　第 1 節　相談援助活動の原則
　第 2 節　相談の受付と受理会議
　第 3 節　調　査
　第 4 節　診　断
　第 5 節　判　定
　第 6 節　援助方針会議
　第 7 節　都道府県児童福祉審議会への意見聴取
　第 8 節　被措置児童虐待

第 4 章　援助
　第 1 節　援助の種類
　第 2 節　在宅指導等
　第 3 節　養子縁組

第4節　里親
　　第5節　小規模住居型児童養育事業（ファミリーホーム）
　　第6節　児童福祉施設入所措置、指定発達支援医療機関委託
　　第7節　児童自立生活援助の実施（自立援助ホーム）
　　第8節　福祉事務所送致等
　　第9節　家庭裁判所送致
　　第10節　家庭裁判所に対する家事審判の申立て
　　第11節　その他未成年者に対する援助

第5章　一時保護

第6章　事業に係る留意事項
　　第1節　家庭、地域に対する援助等
　　第2節　巡回相談
　　第3節　児童虐待防止対策支援事業
　　第4節　ひきこもり等児童福祉対策事業
　　第5節　1歳6か月児、3歳児精密健康診査及び事後指導
　　第6節　障害児（者）に対する事業
　　第7節　特別児童扶養手当、療育手帳に係る判定事務等
　　第8節　虐待を受けた子ども等の保護のための住民基本台帳の閲覧等における支援措置

第7章　市町村との関係
　　第1節　市町村の業務
　　第2節　都道府県（児童相談所）と市町村の協働・連携・役割分担の基本的考え方
　　第3節　市町村における必要な支援を行うための拠点（市区町村子ども家庭総合支援拠点）の整備
　　第4節　その他

第8章　各種機関との連携
　　第1節　各種機関との連携の重要性
　　第2節　要保護児童対策地域協議会（子どもを守る地域ネットワーク）
　　第3節　福祉事務所との関係
　　第4節　子育て世代包括支援センターとの関係
　　第5節　保健所、市町村保健センター等との関係
　　第6節　民生委員・児童委員（主任児童委員）との関係
　　第7節　児童家庭支援センターとの関係
　　第8節　知的障害者更生相談所及び身体障害者更生相談所並びに発達障害者支援センターとの

　　　　　　関係
　　第9節　里親等又は児童福祉施設等との関係
　　第10節　保育所、幼保連携型認定こども園との関係
　　第11節　家庭裁判所との関係
　　第12節　弁護士、弁護士会との関係
　　第13節　学校、教育委員会との関係
　　第14節　警察との関係
　　第15節　医療機関との関係
　　第16節　婦人相談所との関係
　　第17節　配偶者暴力相談支援センターとの関係
　　第18節　子ども・若者総合相談センター、地域若者サポートステーションとの関係
　　第19節　法務局及び人権擁護委員との関係
　　第20節　民間団体との関係
　　第21節　その他の機関との関係

第9章　児童相談所の設備、器具、必要書類
　　第1節　設備等
　　第2節　器具等
　　第3節　必要書類
　　第4節　統計
　　第5節　検証（子ども虐待による死亡事例等の検証）

（出典）
厚生省児童家庭局長通知
http://www.mhlw.go.jp/file/06-Seisakujouhou-11900000-Koyoukintoujidoukateikyoku/zenbun_1.pdf

▶「市町村子ども家庭支援指針」(ガイドライン)

雇児発 0331 第 47 号　平成 29 年 3 月 31 日
子発 0720 第 7 号　平成 30 年 7 月 20 日

(目次)
第1章　市町村における子ども家庭支援の基本
　第1節　児童福祉法の理念及び子ども家庭支援
　　1.　児童福祉法の理念
　　2.　児童の権利に関する条約と子ども家庭支援のあり方
　第2節　市町村における子ども家庭支援の基本
　　1.　基本的考え方
　　2.　市町村に求められる機能
　　3.　市町村と都道府県の協働・連携・役割分担の基本的考え方
　第3節　市町村における子ども家庭支援に求められる専門性
　　1.　基本的考え方
　　2.　子ども家庭相談
　　3.　子ども虐待対応
　　4.　ネットワークにおける支援
　第4節　市区町村子ども家庭総合支援拠点の整備
　　1.　支援拠点の設置趣旨
　　2.　支援拠点の実施主体
　第5節　要保護児童対策地域協議会の役割・機能
　　1.　要保護児童対策地域協議会とは
　　2.　要保護児童対策地域協議会の意義

第2章　子ども家庭支援における市町村(支援拠点)の具体的な業務
　第1節　支援対象
　第2節　子ども家庭支援全般に係る業務
　　1.　虐待予防・早期発見に視点を置いた支援
　　2.　子ども家庭支援全般に係る業務
　第3節　要支援児童及び要保護児童等並びに特定妊婦等への支援業務
　　1.　子ども家庭相談の流れ
　　2.　相談・通告の受付
　　3.　相談・通告直後の対応

4. 受理会議（緊急受理会議）
5. 調査
6. アセスメント
7. 支援計画の作成等
8. 支援及び指導等
9. 児童記録票の作成
10. 支援の終結
11. 転居への対応

第4節　特定妊婦の把握と支援
1. 特定妊婦の把握
2. 特定妊婦への支援の留意点
3. 特定妊婦への具体的な支援
4. 医療機関との連携

第5節　関係機関との連絡調整
1. 関係機関との連携の重要性
2. 要保護児童対策地域協議会の活用
3. 児童相談所との協働、連携の必要性
4. 他関係機関、地域における各種協議会等との連携

第6節　その他の必要な支援
1. 一時保護又は施設入所等の措置解除前後の支援（アフターケア）
2. 里親、養子縁組家庭への支援
3. 「居住実態が把握できない児童」への対応

第3章　相談種別ごとの対応のあり方
第1節　保健相談
1. 妊娠期より発生する相談
2. 出産直後より発生する相談
3. 子育て期の相談
4. 乳児家庭全戸訪問事業における継続訪問事例と教育委員会等との連携

第2節　育成相談
1. 子育て相談（育児・しつけ相談）
2. 不登校
3. ひきこもり
4. いじめ

第3節　障害相談
1. 障害児の定義・支援内容
2. 障害相談の考え方と支援のあり方

3. 障害のある保護者への支援
第4節　養護相談
第5節　非行相談
1. 非行相談の分類
2. 非行問題の理解

第4章　都道府県（児童相談所）との関係
第1節　児童相談所の概要
1. 所掌事務
2. 設置状況
3. 職員配置
第2節　市町村と都道府県（児童相談所）の協働・連携・役割分担
1. 児童相談所への送致
2. 児童相談所長（都道府県知事）への通知
3. 都道府県（児童相談所）からの送致及び通知
4. 都道府県（児童相談所）の指導措置について委託を受けて行う指導の実施
5. 保育の利用等
6. 障害児への支援
7. 子ども・子育て支援事業
8. 乳幼児健康診査
第3節　事案送致への対応
1. 市町村から都道府県（児童相談所）への事案送致
2. 都道府県（児童相談所）から市町村への事案送致
第4節　児童虐待による児童相談所と市町村の共通リスクアセスメントツールの活用
1. 総合的な観点からのアセスメントの実施
2. 十分な説明と見通しの提示
第5節　都道府県（児童相談所）の指導措置について委託を受けての対応
1. 市町村による支援等を行うことが考えられる具体的事例
2. 市町村により支援等を行う上での留意事項
第6節　児童福祉審議会における子どもの権利擁護
第7節　都道府県（児童相談所）の支援

第5章　関係機関等との連携
第1節　福祉事務所（家庭児童相談室）との関係
1. 福祉事務所の概要
2. 家庭児童相談室の概要
3. 連携の内容とあり方

第 2 節 子育て世代包括支援センターとの関係
　1．子育て世代包括支援センターの概要
　2．連携の内容とあり方
第 3 節　学校、教育委員会等との関係
　1．学校（幼稚園、小・中・高等学校等）との関係
　2．教育委員会等との関係
第 4 節　保育所、幼保連携型認定こども園との関係
第 5 節　保健所、市町村保健センターとの関係
　1．保健所の概要
　2．市町村保健センターの概要
　3．連携の内容とあり方
第 6 節　子ども・子育て支援事業との関係
　1．地域子ども・子育て支援事業の概要
　2．連携の内容とあり方
第 7 節　民生委員・児童委員（主任児童委員）との関係
　1．民生委員・児童委員の概要
　2．主任児童委員の概要
　3．連携の内容とあり方
第 8 節　児童家庭支援センターとの関係
　1．児童家庭支援センターの概要
　2．児童家庭支援センターの業務
　3．連携の内容とあり方
第 9 節　障害児支援実施事業所等、発達障害者支援センター等との関係
　1．障害児支援実施事業所等との関係
　2．発達障害者支援センターとの関係
　3．知的障害者更生相談所、身体障害者更生相談所との関係
　4．支援拠点及び要保護児童対策地域協議会との関係
　5．障害のある保護者への支援
第 10 節　児童福祉施設（保育所、児童家庭支援センター等を除く。）との関係
　1．助産及び母子保護の実施
　2．児童福祉施設における支援業務
　3．児童福祉施設に関する状況の把握
第 11 節　里親、養子縁組家庭との関係
　1．里親の概要
　2．養子縁組家庭の概要
　3．連携の内容とあり方
第 12 節　自立援助ホームとの関係

    1. 自立援助ホームの概要
    2. 連携の内容とあり方
  第 13 節　子ども・若者総合相談センター、地域若者サポートステーションとの関係
    1. 子ども・若者総合相談センターの概要
    2. 地域若者サポートステーションの概要
    3. 連携の内容とあり方
  第 14 節　警察等との関係
    1. 警察の業務及び市町村（支援拠点）との関係
    2. 要保護児童（虐待を受けたと思われる子どもを含む。）への対応
    3. 非行少年への対応
    4. いじめ問題への対応
    5. 「居住実態が把握できない児童」への対応
  第 15 節　医療機関との関係
  第 16 節　婦人相談所との関係
  第 17 節　配偶者暴力相談支援センターとの関係
    1. 配偶者暴力相談支援センターの概要
    2. 連携の内容とあり方
  第 18 節　法務局、人権擁護委員との関係
  第 19 節　民間団体との関係
  第 20 節　公共職業安定所との関係
  第 21 節　社会福祉協議会との関係
  第 22 節　庁内の関係部局との関係

第 6 章　子ども家庭支援における市町村（支援拠点）の体制
  第 1 節　支援拠点の類型
  第 2 節　職員配置等
    1. 主な職員
    2. 主な職務、資格等
    3. 配置人員等
  第 3 節　人材の確保・育成
    1. 必要な職員の確保
    2. 人材育成

第 7 章　子ども家庭支援における市町村（支援拠点）の設備、器具、統計、検証
  第 1 節　設備等
  第 2 節　器具等
  第 3 節　統計

1. 福祉行政報告例
2. その他

第4節　死亡事例等の検証
1. 検証の目的
2. 検証対象の範囲
3. 再発防止のための検証の確実な実施
4. 検証に関する会議の開催
5. 検証報告の積極的な活用

（出典）
厚生労働省雇用均等・児童家庭局長通知
http://www.mhlw.go.jp/file/06-Seisakujouhou-11900000-Koyoukintoujidoukateikyoku/0000161704.pdf

▶子ども虐待対応の手引き（平成25年8月 改正版）

厚生労働省雇用均等・児童家庭局総務課

（目次）※抜粋

はじめに

第1章　子ども虐待の援助に関する基本事項
1. 子ども虐待とは何か
2. 子ども虐待対応の基本的考え方
3. 子ども虐待対応の原則
4. 子どもに対する支援の基本
5. 子ども虐待対応の枠組み
6. 守秘義務と情報提供について
7. 転居した事例への対応

第2章　虐待の発生を予防するために
1. 子ども虐待問題を発生予防の観点から考えることの重要性（子ども虐待はなぜ起こるのか）
2. 虐待に至るおそれのある要因とアセスメント
3. 市区町村の子育て支援策
4. 市区町村における医療・保健・福祉の連携

第3章　通告・相談の受理はどうするか
1. 通告・相談時に何を確認すべきか
2. 市区町村から児童相談所への送致等をどうするか

第4章　調査及び保護者と子どもへのアプローチをどう進めるか
1. 調査（安全確認）における留意事項は何か
2. 虐待の告知をどうするか
3. 保護者と援助関係を結ぶためのさまざまなアプローチ
4. 訪問調査を受け入れない保護者への対応
5. 子どもからの事実確認（面接・観察）はどのように行うか
6. 立入調査及び出頭要求並びに臨検・捜索等の要否をどう判断するか
7. 立入調査をどう進めるか
8. 出頭要求から臨検・捜索をどう進めるか
9. 性的虐待への対応について

第5章　一時保護

1. 一時保護の目的は何か
2. 一時保護の速やかな実施
3. 虐待が疑われる事例への対応の流れ
4. リスクアセスメントシートによる一時保護の要否判断
5. 職権による一時保護の留意点は何か
6. 一時保護の説明
7. 一時保護所入所中の子どもに対する援助のあり方
8. 一時保護中に保護者が面会を希望する場合の対応
9. 保護者の強引な引取要求への対応
10. 家庭復帰させる場合の子ども・保護者への指導上の留意点
11. 委託一時保護の留意点
12. 一時保護が2か月を越える場合の対応

第6章　診断・判定及び援助方針の決定をどのように行うか

1. 各種診断はどのように行うか
2. 判定（総合診断）はどのように行うか
3. 援助方針はどのように作成するか
4. 援助方針について保護者、子どもにどう説明するか
5. 児童相談所の援助方針を受け入れない保護者への対応

第7章　親子分離に関わる法的対応をどう進めるか

1. 法的分離にはどのようなものがあるか
2. 家庭裁判所による子どもの里親等委託又は児童福祉施設等への入所の承認──いわゆる児童 福祉法第28条手続
3. 家庭裁判所による親権喪失、親権停止及び管理権喪失の審判並びにこれらの審判の取消しの請求
4. 児童相談所長の権限と親権との関係
5. 法的分離手続の実際

第8章　児童福祉審議会の意見聴取をどう進めるか

1. どのような事例を児童福祉審議会に諮るか
2. 児童福祉審議会の意見聴取の手続はどのように行うか

第9章　在宅における援助をどう行うか

1. 在宅援助の基本的考え方と方法
2. 関係機関との連携による支援

3. 要保護児童対策地域協議会の活用

第 10 章　施設入所及び里親等委託中の援助
1. 施設入所中及び里親等委託中の子どもとその家庭への関わり
2. 子どもへの人権侵害行為に関する対応
3. 家族再統合に向けた取組み
4. 家族再統合プログラムの考え方と実際
5. 家庭復帰の際の支援

第 11 章　児童相談所の決定に対する不服申立てについて
1. 行政不服審査とは何か
2. 行政不服申立てにどう対応するか

第 12 章　関係機関との協働
1. 福祉事務所（家庭児童相談室）との連携
2. 市区町村の母子保健部門との連携
3. 児童委員との連携
4. 児童家庭支援センターとの連携
5. 保育所、幼稚園・小学校・中学校等との連携
6. 医療機関との連携
7. 警察との連携
8. 弁護士との連携
9. 家庭裁判所との連携
10. 配偶者暴力相談支援センター及び婦人相談所（女性相談所・女性相談センター）との連携
11. 民間虐待防止団体との連携

第 13 章　特別な視点が必要な事例への対応
1. きょうだい事例への対応
2. アルコール依存・薬物依存等の保護者への対応
3. 精神疾患が疑われる事例への介入と対応
4. 特定妊婦や飛び込み出産への対応
5. 乳幼児揺さぶられ症候群（シェイクン・ベビー・シンドローム）が疑われる場合の対応
6. 代理によるミュンヒハウゼン症候群（Munchausen Syndrome by Proxy、以下　MSBP）への対応
7. 転居を繰り返す事例への対応
8. 配偶者からの暴力のある家庭への支援のあり方
9. ステップファミリーの事例への対応

10. 18歳若しくは19歳の子どもへの対応
11. 性的虐待を受けた子どもとその保護者への支援
12. ネグレクト事例への対応
13. 心中事例に対する考え方

第14章　虐待重大事例に学ぶ
1. 重大事例に関する検証の必要性と枠組み
2. 虐待対応上の主なポイント
3. その他の対応上のポイント
4. 自治体による検証のあり方

参考資料
1. 子ども虐待への取り組みの沿革
2. 調査において有用な身体医学的知識
3. 医学診断の留意点

参考文献

執筆協力者等一覧

（出典）
厚生労働省労働雇用均等・児童局総務課
http://www.mhlw.go.jp/seisakunitsuite/bunya/kodomo/kodomo_kosodate/dv/dl/130823-01c.pdf

▶子育て世代包括支援センター業務ガイドライン

平成 29 年 8 月

（目次）
本ガイドライン案の位置付け・見直しについて

第 1　はじめに
　1. 子育て世代への支援を巡る状況
　2. 子育て世代包括支援センターの理念

第 2　子育て世代包括支援センターの役割
　1. 子育て世代包括支援センターの役割
　2. 子育て世代包括支援センターの位置付け
　3. 子育て世代包括支援センターの支援対象者
　4. 子育て世代包括支援センターにおける支援

第 3　業務実施のための環境整備
　1. 実施体制の確保
　　（1）複数の機能を集結した子育て世代包括支援センター
　　（2）職員の確保
　　（3）関係機関・関係者との連携体制の整備
　　（4）委託事業者の管理
　2. 情報の管理と守秘義務の徹底
　3. 子育て世代包括支援センターの利用促進のための取組
　　（1）子育て世代包括支援センターの周知
　　（2）オープンでありながらもプライバシーに配慮した環境作り
　4. 妊産婦や保護者と継続的な関係を築くための取組

第 4　各業務の基本的考え方と具体的内容
　1. 子育て世代包括支援センターの主な業務
　2. 継続的な状況の把握
　　（1）基本的な考え方
　　（2）継続的な状況の把握のための取組
　　（3）支援台帳の作成・管理方法

3. 妊産婦や保護者への情報提供・助言
   (1) 相談対応
   (2) 妊産婦・乳幼児等の状況やニーズに応じた情報提供・助言
4. 支援プランの策定
   (1) 基本的な考え方
   (2) 支援プランの対象者について
   (3) 支援プランの内容
   (4) 支援プランの策定
   (5) 支援プランの評価
5. 保健医療又は福祉の関係機関との連絡調整
   (1) 連携の重要性
   (2) 市区町村子ども家庭総合支援拠点、要保護児童対策地域協議会との連携

第5　事業評価の視点

第6　参考資料（様式例）
1. 支援台帳の例
2. 個別の妊産婦や乳幼児等に関する記録（個人記録）の例
3. 利用計画（セルフプラン）の例
4. 支援プランの例
5. 関係機関との連絡様式の例

（出典）
厚生労働省
http://www.mhlw.go.jp/file/04-Houdouhappyou-11908000-Koyoukintoujidoukateikyoku-Boshihokenka/senta-gaidorain.pdf

▶「市区町村子ども家庭総合支援拠点」設置運営要綱

雇児発 0331 第 49 号
平成 29 年 3 月 31 日

1. 趣旨・目的

2. 実施主体

3. 対 象

4. 業務内容
    (1) 子ども家庭支援全般に係る業務
    (2) 要支援児童及び要保護児童等並びに特定妊婦等への支援業務
    (3) 関係機関との連絡調整
    (4) その他の必要な支援

5. 設置形態等
    (1) 類 型
    (2) 運営方法等

6. 職員配置等
    (1) 主な職員
    (2) 主な職務、資格等
    (3) 配置人員等
    (4) 人材育成

7. 設備・器具
    (1) 設備等
    (2) 器具等

8. 留意事項

9. 費 用

（別表）

（別紙）

（出典）
厚生労働省雇用均等・児童家庭局長通知
http://www.mhlw.go.jp/file/06-Seisakujouhou-11900000-Koyoukintoujidoukateikyoku/0000161700.pdf

「児童福祉司等の義務研修テキスト作成に関する調査研究会」委員一覧

〈2018 年 3 月 31 日 時点〉

(五十音順、◎は代表、○は編集グループ)

愛沢隆一	（あいざわ りゅういち）	公益社団法人埼玉県社会福祉士会 理事
○安部計彦	（あべ かずひこ）	西南学院大学 教授
有村大士	（ありむら たいし）	日本社会事業大学 准教授
内田宏明	（うちだ ひろあき）	日本社会事業大学 准教授
岡田崇弘	（おかだ たかひろ）	茨城県中央児童相談所 所長
加藤曜子	（かとう ようこ）	流通科学大学 教授
◎金子恵美	（かねこ めぐみ）	日本社会事業大学 教授
川﨑二三彦	（かわさき ふみひこ）	子どもの虹情報研修センター センター長
川松　亮	（かわまつ あきら）	子どもの虹情報研修センター 研究部長
木村容子	（きむら ようこ）	日本社会事業大学 准教授
小出太美夫	（こいで たみお）	子どもの虹情報研修センター 専門相談室室長
才村　純	（さいむら じゅん）	東京通信大学設立準備室 TOU 学術研究センター 主幹研究員
坂入健二	（さかいり けんじ）	葛飾区子育て支援部子ども家庭支援課子ども家庭支援担当 係長
○佐竹要平	（さたけ ようへい）	日本社会事業大学 専任講師
鹿野誠一	（しかの せいいち）	旭川大学 教授
鈴木　淳	（すずき あつし）	静岡県健康福祉部こども未来局こども家庭課こども家庭班 班長
髙三瀦晋	（たかみずま すすむ）	熊本県中央児童相談所 所長
田﨑みどり	（たさき みどり）	横浜市中央児童相談所 担当部長
田代健一	（たしろ けんいち）	新潟県中央児童相談所 所長
塚田由美	（つかだ ゆみ）	長野県県民文化部こども・家庭課 こども支援幹
土橋俊彦	（つちはし としひこ）	神奈川県小田原児童相談所 所長
土渕美知子	（つちぶち みちこ）	北海道函館児童相談所 元所長
中板育美	（なかいた いくみ）	日本看護協会 常任理事
中垣真通	（なかがき まさみち）	子どもの虹情報研修センター 研修課長
福山和女	（ふくやま かずめ）	ルーテル学院大学 名誉教授
○藤岡孝志	（ふじおか たかし）	日本社会事業大学 教授
藤林武史	（ふじばやし たけし）	福岡市こども総合相談センター 所長
星野崇啓	（ほしの たかひろ）	さいたま子どものこころクリニック 院長
米澤克徳	（まいさわ かつのり）	岩手県福祉総合相談センター 児童福祉司
前橋信和	（まえはし のぶかず）	関西学院大学 教授
○増沢　高	（ますざわ たかし）	子どもの虹情報研修センター 研修部長
松場敬一	（まつば けいいち）	群馬県中央児童相談所 所長
○宮島　清	（みやじま きよし）	日本社会事業大学 准教授
八木安理子	（やぎ ありこ）	枚方市子ども総合相談センター 所長

「児童福祉司研修テキスト」執筆者一覧

(五十音順)

相澤　仁（あいざわ まさし）	大分大学 教授
青木　建（あおき たつる）	国立武蔵野学院 元院長
秋山千枝子（あきやま ちえこ）	あきやま子どもクリニック 院長
安部計彦（あべ かずひこ）	西南学院大学 教授
有村大士（ありむら たいし）	日本社会事業大学 准教授
岩佐嘉彦（いわさ よしひこ）	いぶき法律事務所 弁護士
金子恵美（かねこ めぐみ）	日本社会事業大学 教授
川松　亮（かわまつ あきら）	明星大学 教授
木村容子（きむら ようこ）	日本社会事業大学 教授
久保田まり（くぼた まり）	東洋英和女学院大学 教授
佐竹要平（さたけ ようへい）	日本社会事業大学 准教授
鹿野誠一（しかの せいいち）	旭川大学 元教授
渋谷行成（しぶや ゆきなり）	玉川大学 教授
曽根直樹（そね なおき）	日本社会事業大学 准教授
田﨑みどり（たさき みどり）	東京都港区児童相談所 所長
田代健一（たしろ けんいち）	新潟県中央児童相談所 元所長
田中　哲（たなか さとし）	子どもと家族のメンタルクリニック やまねこ 院長
土橋俊彦（つちはし としひこ）	東京都世田谷区児童相談所 所長
土渕美知子（つちぶち みちこ）	北海道函館児童相談所 元所長
都留和光（つる かずみつ）	二葉乳児院 院長
中板育美（なかいた いくみ）	武蔵野大学 教授
中垣真通（なかがき まさみち）	子どもの虹情報研修センター 研修部長
楢原真也（ならはら しんや）	児童養護施設子供の家 治療指導担当職員
藤岡孝志（ふじおか たかし）	日本社会事業大学 教授
藤林武史（ふじばやし たけし）	西日本こども研修センターあかし センター長
星野崇啓（ほしの たかひろ）	さいたま子どものこころクリニック 院長
増沢　高（ますざわ たかし）	子どもの虹情報研修センター 研究部長
宮島　清（みやじま きよし）	日本社会事業大学 客員教授
八木安理子（やぎ ありこ）	同志社大学 客員教授
矢内陽子（やない ようこ）	ドルカスベビーホーム 施設長
山縣文治（やまがた ふみはる）	関西大学 教授
山本恒雄（やまもと つねお）	愛育研究所 客員研究員
若松亜希子（わかまつ あきこ）	至誠学園 臨床心理士

[執筆]

Ⅰ 久保田まり〈❶、❷〉
　中板育美〈❹、❻〉
　藤岡孝志〈科目のねらい、❺〉
　星野崇啓〈❸〉
Ⅱ 曽根直樹〈科目のねらい、❶-❷〉
Ⅲ 有村大士〈科目のねらい、❶-❽〉
Ⅳ 佐竹要平〈科目のねらい、❻〉
　山縣文治〈❶-❺〉
Ⅴ 有村大士〈科目のねらい、❶-❹〉
Ⅵ 金子恵美〈科目のねらい、❶-❼〉
Ⅶ 秋山千枝子〈⓫、⓲-⓳〉
　安部計彦〈科目のねらい、❺-❿、⓯〉
　木村容子〈❶-❹〉
　田﨑みどり〈⓰、⓴-㉒〉
　田中　哲〈⓬-⓭〉
　八木安理子〈⓮〉
　山本恒雄〈⓱〉
Ⅷ 相澤　仁〈❷-❼〉
　土橋俊彦〈科目のねらい、❶〉
Ⅸ 宮島　清〈科目のねらい、❶-⓬〉
Ⅹ 中垣真通〈科目のねらい、❶〉
Ⅺ 土渕美知子〈科目のねらい、❶-❹〉
　宮島　清〈❷〉
Ⅻ 岩佐嘉彦〈科目のねらい、❶-❸〉
ⅩⅢ 川松　亮〈科目のねらい〉
　田代健一〈❶-❼〉
　宮島　清〈❻-❼〉
ⅩⅣ 青木　建〈❹〉
　鹿野誠一〈❷〉
　佐竹要平〈❶、❿〉
　渋谷行成〈❺〉
　都留和光〈❸〉
　楢原真也〈⓬〉
　藤林武史〈❽-❾〉
　増沢　高〈科目のねらい、❻、⓭-⓯〉
　矢内陽子〈❼〉
　若松亜希子〈⓫〉

189

児童福祉司研修テキスト
児童相談所職員向け

2019 年 3 月 30 日　初版第 1 刷発行
2023 年 3 月 30 日　初版第 3 刷発行

編集代表	金子　恵美
編　集	佐竹　要平
	安部　計彦
	安藤　孝志
	藤岡　孝志
	増沢　高
	宮島　清
発行者	大江　道雅
発行所	株式会社　明石書店

〒101-0021　東京都千代田区外神田 6-9-5
電　話　03（5818）1171
FAX　03（5818）1174
振　替　00100-7-24505
http://www.akashi.co.jp

装丁　明石書店デザイン室
印刷・製本　日経印刷株式会社

（定価はカバーに表示してあります）　ISBN978-4-7503-4828-5

JCOPY 〈出版者著作権管理機構 委託出版物〉
本書の無断複製は著作権法上での例外を除き禁じられています。複製される場合は、そのつど事前に、出版者著作権管理機構（電話 03-5244-5088　FAX 03-5244-5089　e-mail: info@jcopy.or.jp）の許諾を得てください。

子ども虐待 保護から早期支援への転換
児童家庭ソーシャルワーカーの質的向上をめざして
アイリーン・ムンロー著　増沢高監訳　小川紫保子訳
◎2800円

ワークで学ぶ 子ども家庭支援の包括的アセスメント
要支援・要保護・社会的養護児童の適切な支援のために
増沢高著
◎2400円

子ども虐待対応におけるサインズ・オブ・セーフティ・アプローチ実践ガイド
子どもの安全（セーフティ）を家族とつくる道すじ
菱川愛、渡邊直、鈴木浩之編著
◎2800円

子ども虐待対応における保護者との協働関係の構築
家族と支援者へのインタビューから学ぶ実践モデル
鈴木浩之著
◎4600円

小児期の逆境的体験と保護的体験
子どもの脳・行動・発達に及ぼす影響とレジリエンス
J・ヘイズ＝グルード ほか著　菅原ますみほか監訳
◎4200円

要保護児童対策地域協議会における 子ども家庭の理解と支援
民生委員、児童委員、自治体職員のみなさんに伝えたいこと
川畑隆著
◎2200円

市区町村子ども家庭相談の挑戦
子ども虐待対応と地域ネットワークの構築
川松亮編著
◎2500円

事例でわかる 子ども虐待対応の多職種・多機関連携
互いの強みを活かす協働ガイド
中板育美、佐野信也、野村武司、川松亮著
◎2500円

日本の児童相談所
子ども家庭支援の現在・過去・未来
川松亮、久保樹里、菅野道英、田﨑みどり、田中哲、長田淳子、中村みどり、浜田真樹編著
◎2800円

児童相談所改革と協働の道のり
子どもの権利を中心とした福岡市モデル
藤林武史編著
◎2600円

子どもアドボカシー
つながり・声・リソースをつくる インケアユースの物語
畑千鶴乃、菊池幸工、藤野謙一著
◎2200円

子どもアドボカシーと当事者参画のモヤモヤとこれから
子どもの「声」を大切にする社会ってどんなこと？
栄留里美、長瀬正子、永野咲著
◎2200円

子どもコミッショナーはなぜ必要か
子どものSOSに応える人権機関
日本弁護士連合会子どもの権利委員会編
◎2600円

子どもの権利ガイドブック【第2版】
日本弁護士連合会子どもの権利委員会編
◎3600円

子どもの虐待防止・法的実務マニュアル【第7版】
日本弁護士連合会子どもの権利委員会編
◎3200円

シリーズ・みんなで育てる家庭養護【全5巻】
相澤仁編集代表
◎各巻2600円

〈価格は本体価格です〉